Arnulf Zitelmann

Der Turmbau zu Kullab

Abenteuer-Roman
aus biblischer Zeit

Mit Nachwort des Autors

Bilder von Arno Görlach

BELTZ
& Gelberg

Arnulf Zitelmann, geboren 1929, studierte Philosophie und Theologie, lebt als freischaffender Autor in der Nähe von Darmstadt.

Im Programm Beltz & Gelberg erschienen bisher folgende Bücher von ihm:
»Kleiner-Weg«. Abenteuer-Roman aus der Frühzeit
Zwölf Steine für Judäa. Abenteuer-Roman aus dem Jüdisch-Römischen Krieg
Unter Gauklern. Abenteuer-Roman aus dem Mittelalter
Nach dem Großen Glitch. Abenteuer-Roman aus der Zukunft
Der Turmbau zu Kullab. Abenteuer-Roman aus biblischer Zeit
Jenseits von Aran. Abenteuer-Roman aus Altirland
Bis zum 13. Mond. Eine Geschichte aus der Eiszeit
Hypatia. Eine Geschichte aus dem frühchristlichen Alexandrien
Paule Pizolka oder Eine Flucht durch Deutschland. Roman
Mose, der Mann aus der Wüste. Roman
Abram und Sarai. Roman
Unterwegs nach Bigorra. Roman
»Widerrufen kann ich nicht«. Die Lebensgeschichte des Martin Luther
»Keiner dreht mich um«. Die Lebensgeschichte des Martin Luther King
(Auswahlliste Deutscher Jugendliteraturpreis)
»Ich will donnern über sie!«. Die Lebensgeschichte des Thomas Müntzer
»Nur daß ich ein Mensch sei«. Die Lebensgeschichte des Immanuel Kant
Kein Ort für Engel. Die Geschichte des Amos Filip

Gulliver Taschenbuch 40

Programm Beltz & Gelberg, Weinheim

Reihenlayout und Einband von Wolfgang Rudelius
Titelillustration von Arno Görlach
Gesamtherstellung Druckhaus Beltz, 69494 Hemsbach
Printed in Germany
ISBN 3 407 78040 0
5 6 7 8   99 98

Gulliver Taschenbuch 40

Das Gesicht des Mondes kommt und geht, die jährliche Flut steigt und fällt, der Wind dreht nach Süden und wendet sich nach Norden und kehrt wieder an den Ort, wo er anfing. Weit reicht die Erinnerung in Ambar. Zurück bis in die Traumzeit der ersten Anfänge, als die Mutterfrau durchs Wasserland wanderte, die Inseln im Schilf knüpfte und die Keime von Tieren und Menschen pflanzte. Unsere Tänze und Lieder erzählen von der Vergangenheit, erneuern uns die Zeiten des Ursprungs. Es gibt nichts Neues unter der Sonne, heißt es in Ambarland. Aber ich weiß nicht, ob das nach all dem, was in unseren Tagen geschehen ist, immer noch gilt.
Ich wünschte, es wäre so, es hätte jene Ereignisse nie gegeben, als deren Augenzeuge ich berichte. Ich erzähle von den Leuten der Ebene jenseits von Ambar, die eine Stadt bauten, einen Turm, der mit seinem Kopf bis an den Himmel stieß. Ich erzähle von Enank, meinem älteren Bruder, neben dem ich stand, als er die Arme ausbreitete, um über den Himmel zu fliegen. Seit den Zeiten des Anfangs, von denen unsere Überlieferungen berichten, hat die Sonne solche Dinge noch nicht gesehen.
Ich erzähle auch von Akunga, von ihrem Kind, um das sie auf der Insel der Mutterfrau träumte. Ich vergesse nichts, spreche meinem Inneren die Worte vor, die ich später diesem Kind weitersagen werde, denn letzten

Endes ist es seine Geschichte, die ich erzähle. Ich hoffe, daß sie künftigen Zeiten weiter überliefert wird, von Mund zu Mund, um eine Zukunft zu verhindern, die nicht eintreffen darf.
Ich setze ein bei den Tagen des ersten Frühlingsmondes im verflossenen Jahr. Die Nacht ist gekommen, in der ich aus einem Jungen zum Mann werden soll.

»Sie kommen dich holen, es ist soweit, Dim«, sagt der Mann neben mir. Er legt mir den Arm um die Schultern. Ich versuche zurückzulächeln. »Keine Angst, Junge«, sagt er, »du weißt, so schnell geben wir dich nicht her.« Trommeln pochen durchs Schilf. Die Männer spähen über das Wasser und fassen ihre Fischspeere fester. Unter den Pappeln erscheint ein Schatten, das große Rohrboot mit den Schilfringknoten der Mutterfrau von Ambar. Scharf steht darüber das Steinmesser des jungen Mondes im Sonnenuntergangslicht.
Schreie, Rufe dringen herüber zu den Hausinseln. Mir ist, als setzte mit einemmal das Grunzen der Wasserbüffel, das Quaken der Frösche aus. Die Männer werden unruhig. Ich schaue zur Hütte von Ma, der Türvorhang bewegt sich, Ma rennt mit gelöstem Haar dem Rohrboot entgegen. Seit sie mir gestern die Schlafmatte vors Haus gelegt hat, ist mir kein Essen in den Mund gekommen. Mir ist flau im Bauch, aber nicht vor Hunger.

Inzwischen hat das Rohrboot den Ufersaum fast erreicht. Keins der übrigen Kinder läßt sich sehen, sie verkriechen sich. Beim vorigen Frühlingsmond habe ich noch bei ihnen gesessen, heute stehe ich zwischen den Männern. Sie rücken enger um mich. Aber ich weiß, am Ende werden sie mich doch herausgeben. In dieser Nacht soll ich erwachsen werden. Wäre nur Enank hier! Mit ihm könnte ich reden, er würde mich beruhigen. Er würde mir Mut zusprechen, denn Enank ist nicht nur mein älterer Bruder, er ist auch mein Freund. Ich suche Enank in Gedanken, wünsche mir so sehr, er wäre jetzt bei mir.
Aus dem Rohrboot steigen die Frauen, betreten das Ufer und tanzen auf uns zu, auf die Männer zu, auf mich. Der Trommelschlag über dem Wasser wird hastiger, die Tänzerinnen stampfen schneller, ihre bemalten Körper schnellen vor und wieder zurück. Ich weiß, es sind Frauen aus unserem Hausinseldorf, doch ich kann keine von ihnen wiedererkennen. Die Augen halb geschlossen, die Haare mit Schlangenhäuten verflochten, rücken sie heran. Die Männer brüllen gegen sie an, schwingen ihre Fischspeere, schlagen die Schäfte aneinander, trampeln auf den Fersen. Ich mache mit, doch ich kneife die Augen zu. Das Gedränge um mich wird wilder, ich falle und werde aufgehoben. Heißer Atem, Haargerüche umgeben mich, meine Augen sind wie zugeklebt. Ich spüre, wie Hände mein Hüfttuch losknoten.
Paddel stechen ins Wasser, ich höre Stimmen summen

und das Blut in meinem Kopf ticken. Das Boot bekommt Fahrt, es wird mich zum Nabelstein bringen, zum roten Haus, wohin die Sonne nicht dringt, zur schwarzen Insel, die kein Mann ohne Erlaubnis betritt. Ich werde zum Gebärplatz der Frauen gebracht, in ihre Rundhütte, die der Schoß der Großen Mutter ist.

Das Boot stößt an, ich blinzele und sehe rotes Feuerlicht. Noch einmal nehmen mich Hände auf und betten mich dann hinunter in eine Grube. Neben mir erkenne ich die Gestalten anderer Jungen.

Eine Frauenstimme sagt: »Du wirst in die Mutter gelegt, sie umschließt dich.«

Binsengras wird über uns gehäuft, Füße tanzen über uns. Der Gesang verschmilzt zu einem einzigen Laut, wird zum Herzschlag, zu dem die Mutterfrau tanzt. Warme Dunkelheit umgibt mich, ich verliere das Gefühl für Zeit und Raum.

Später öffnet sich die Grube und wir werden in die Schoßhütte der Mutterfrau gebracht. Neben mir kniet eine alte Frau. Im Feuerschein nehme ich ihre Hände wahr, die in einem Tontopf rühren und Ocker, das Blut der Erde, über meine bloße Haut streichen. Etwas in mir steht plötzlich still. Arme greifen von hinten unter meine Achseln, und weit weg spüre ich einen scharfen Schmerz, als das Beschneidungsmesser mir die Vorhaut löst.

Wieder ist die Frauenstimme da: »Blut zu Blut«, sagt sie, »zweimal mußt du durch die Mutter gehen.«

Durch roten Nebel sehe ich Augen, viele Gesichter. Die

Haut der Trommeltöpfe dröhnt. Ich schwimme durch einen Traum, Fische schauen mich an, die Regenmutter zieht mit frischem Wasser vorüber. Finger streicheln über meine Haut, Arme drücken und halten mich, und im Mund schmecke ich süße Milch.

Ich erwache im Tageslicht. Neben mir glosen Feuerreste, und um mich schlafen die anderen Jungen. Bald darauf höre ich Schritte und setze mich auf. Hinter mir steht ein Mädchen. Ihr Haar glänzt rötlich in der Sonne. Ich erkenne sie, es ist Sibar, das Mädchen der Großen Mutter, bei der sie hier auf der Schwarzinsel wohnt.

Selten verläßt Sibar die Insel mit dem Nabelstein, und wenn ihr Boot auf einem der Wasserpfade durchs Dorf kommt, legen die Männer scheu die Hand an den Mund. Vor zwei Mondzeiten habe ich sie draußen vor unserem Dorf in ihrem Boot gesehen, als ich im Schilf Futter schnitt. Tum, mein Onkel, der neben mir arbeitete, flüsterte mir zu: »Es ist wegen der Orakelnacht am Rand des Jahres. Sibar kommt von der Mutterfrau, um mit den Frauen im Rat zu sitzen.«

Es heißt von dem Mädchen der Mutter, daß sie im Dunkeln sieht, künftige Dinge wahrnimmt, die Schatten der verborgenen Dinge erkennt. Sie versteht es, ihre Seele in die Tiefe des Wassers unter den Inseln zu schicken, zur Großen Mutter, deren Arm die Schilfbetten umschlingt. Das Muttermädchen ist eine Heilerin, sie vermag den entflohenen Atem eines Menschen zurückzuholen. Und sie zählt die Zeiten des Mondes, wenn er sein Horn verliert, vom Wasser gewaschen nach drei Tagen wieder auflebt, sich von den Sprossen des Schilfs nährt und wieder zunimmt an Fleisch und Bein. Der Mond knüpft und knotet die Zeit, und Sibar kennt seinen Wandel zwischen den Sternen. Denn der grüne, taubringende Mond ist ihr Gefährte, der Sohngeliebte der Mutter.

Heute sehe ich Sibar zum erstenmal aus nächster Nähe und wage kaum zu atmen. Sie steht mit verschränkten Händen, ihr Haar fällt bis auf den Binsenschurz. Nachdenklich schaut sie mich an, streicht eine Strähne aus ihrem Gesicht und sagt: »Du bist Dim?«

»Woher weißt du meinen Namen?« frage ich und stehe langsam auf.

»Pst«, macht Sibar. Sie winkt mir mit den Lidern. »Laß die andern schlafen«, sagt sie. »Aber wenn du willst, kannst du mit mir kommen.«

Ich folge Sibar zum Ufer und spreize beim Gehen die Arme vom Körper weg, weil ich nicht wage, meine vom Blutstein gefärbte Haut zu berühren. Außer Sibar sehe ich keine von den anderen Frauen. Vielleicht haben sie die Insel inzwischen wieder verlassen. Und mit einemmal fühle ich mich sehr leicht. Ich möchte rennen, singen, ins Wasser springen, möchte tauchen und prusten. Es ist, als wäre ich neu geboren.

Sibar ist stehengeblieben. Ich blicke sehnsüchtig zum Wasser hinüber. »Warte«, sagt Sibar, »erst wasche ich dich!« Sie steigt mit mir in das flache Uferwasser, spült eine Grassode aus, reibt mich ab und untersucht die Schnittwunde zwischen meinen Beinen. »Es ist gut«,

erklärt sie. »Jetzt los, spring und schwimm. Aber nicht zu lange.«
Ich tauche weg und liege auf dem Rücken, trete Wasser und schnaufe durch Mund und Nase, stoße ein paar helle Freudentriller aus und merke, wie die Schatten und Bilder der vergangenen Nacht von mir weichen. Keuchend kehre ich ans Ufer zurück. Sibar schaut mich an, als wolle sie lachen, und deutet mit einer Kopfbewegung auf meine Beine. Jetzt spüre auch ich den frischen Blutfaden. Unter mir tropft das Blut, und ich weiß nicht, wo ich meine Augen lassen soll.
»Jetzt geht es dir wie uns«, sagt Sibar. »Du mußt dich nicht schämen. Komm, geh mit, ich helfe dir.«
Wir betreten das Mutterhaus zwischen den beiden Schilfringknoten. Licht flackert über seine roten Wände. Ich bleibe im Eingang stehen und warte, bis sich meine Augen an das Zwielicht gewöhnt haben. Es raschelt neben meinen Fußsohlen. Eine Schlange schlüpft vorbei und verschwindet mit einer peitschenden Bewegung in den Schatten. Sibar faßt meine Hand und zieht mich ins Lampenlicht, berührt meine Wunde und murmelt in der Dämmersprache der Frauen. Ich merke, wie das Blut stillsteht, und wage mich nicht zu rühren.
»Setz dich, hier«, zeigt Sibar und läßt sich auf ihren Fersen nieder. »Ich will mit dir reden, Dim. Du siehst den schwarzen Stein. Weißt du von seiner Kraft?«
»Ja«, antworte ich, »die Mädchen und Frauen kommen zu ihm, wenn der Mond sein breites Gesicht hat. Sie

suchen die Mutter und bleiben hier, bis ihr Blut versiegt.«
Sibar nickt. »Und die Keime der Kinder von Ambar stecken in dem Stein«, erklärt sie mir. »Sie durchrieseln ihn, wachsen in seinen Adern, schlummern unter seiner Haut. Wenn eine Frau sich Kinder wünscht, schüttet sie Wasser über den Stein und sprengt es in den Wind. Sie bittet die Mutterfrau unter den Inseln, daß ihr ein Kind im Traum erscheint.«
»Das weiß ich«, sage ich, »meine Ma hat es mir erzählt. ›Du bist ein Wunschkind, Dim‹, hat sie mir gesagt, ›du und dein Bruder Enank. Meine Augen sahen dich, als du noch unbereitet warst, als ich dich noch nicht in meinem Leib gebildet hatte.‹ Aber wie das Kind in ihren Bauch kommt, das hat mir Ma nicht gesagt, oder ich habe es wieder vergessen. Kannst du es mir sagen?«
»Oh«, Sibar lacht, »so ganz genau kannst du das vorher nicht wissen. Vielleicht fällt ein Regentropfen ins Wasser, in dem sein Keim steckt, und der Tropfen hängt sich an einen Fisch, den die Frau ausnimmt. Das Kind schlüpft zu ihr und sagt: ›Du bist meine Ma.‹ So ähnlich mußt du dir es vorstellen. Und dann geht die Frau zu dem Mann und spricht: ›Ich träumte um ein Kind, nun öffne ihm den Weg in meinen Leib, daß es bei mir anwachsen kann.‹«
Ich denke nach und frage: »Ich bin jetzt zweimal durch die Mutter gegangen, und die Frauen haben mich zum Mann beschnitten. Kann ein Traumkind jetzt auch zu mir kommen? Ich meine, daß es mir erscheint und sagt:

›Zeige mir meine Ma. Wo ist sie? Öffne mir ihren Schoß‹?«

Sicher habe ich mich ungeschickt ausgedrückt, denn Sibars Augen schauen mich mit einem merkwürdigen Ausdruck an. Ich komme mir unwohl vor unter ihrem forschenden Blick. Das Mädchen sagt eine ganze Zeit nichts, ich höre nur ihren Atem. Sie sitzt mit angezogenen Knien, sehr aufrecht und gerade, ihr Körper schaukelt langsam vor und zurück in den Hüften.

»Ich verstehe nicht, wie du das fragen kannst«, antwortet sie endlich. Sie spricht mit ferner, fast abwesender Stimme, hebt die Brauen und sieht mich abermals schweigend an. »Ich frage mich«, fährt sie dann fort, »wie du dazu kommst, so etwas zu denken? Hältst du es wirklich für möglich, daß die Traumkinder vom Nabelstein der Mutterhütte euch Männern erscheinen könnten? Jedermann in Ambar weiß, daß es die Frauen sind, in die unsere Elternmutter ihre Kindeskeime pflanzt. Was bringt dich darauf, es könnte vielleicht auch anders sein? Daß womöglich ihr Männer uns Frauen Kinder macht?« Sibar spricht leise, aber ihre Stimme hat einen drängenden Ton.

Ich zucke die Schultern. »Mir kam einfach so der Gedanke, mehr nicht«, erkläre ich verlegen.

»Nein«, widerspricht Sibar, »das ist keine Antwort. Du machst es dir zu einfach, Dim. Du weißt, daß Männer nicht Leben zeugen können, daß sie unseren Kindern nur den Weg zu uns Frauen öffnen. Du weißt es, aber du gibst dich nicht zufrieden damit. Wirst du vielleicht

später dem Kind der Frau, die ihre Matte mit dir teilt, sagen: ›Ich war es, ich habe dich deiner Mutter in den Schoß gepflanzt‹? Wenn die Männer anfangen, so zu reden, bleibt nichts mehr in Ambar, wie es ist.«

Ich empfinde den Vorwurf in Sibars Worten und versuche nicht, mich zu verteidigen. Wasserland ist Frauenland, und unser Leben ist zwischen den Händen der Mutterfrau vom Fischhaus unter den Inseln. Bei ihrem Stein ist unser Ursprung, der Nabel des ersten Ortes, dem die Frauen Segensworte zuflüstern. Sibar hat recht. Wollten wir die Mutter vergessen, würde das Wasserland veröden. Ohne unsere Mutter wären wir den Winden wie flüchtiger Staub preisgegeben. Ich weiß, das alles stimmt, doch ich habe keine Antwort auf meine Frage.

Sibar steht auf. Ich lege meinen Kopf auf die Knie und folge ihr mit den Augen. Sie hebt eine Schlange aus der Grube am Stein und läßt sie lose auf ihrer Hand ruhen. Die schwarze Gabelzunge des Tieres tanzt, prüft die Luft, die Schlangenaugen schauen ernst. Es ist eine Heilschlange, wie meine Ma sie hat, rotschwarz gezeichnet, drei Fuß lang. Ihr Zahn ist tödlich.

Sibar hockt sich wieder neben mich und streichelt mit ihrem Mittelfinger dem Tier sacht die Stirn. »Unglück ist unterwegs«, sagt sie tonlos, »ich sehe seine Vorzeichen im Wahrspruch des Wassers, im Flug der Raben, überall. Ich berühre den Stein der Mutter, und manchmal ist er wie tot. Als sei die Mutter von uns geschieden.« Ihre Augen umdüstern sich, sie macht eine Pause.

Dann spricht sie weiter. »Angefangen hat es im Lehmland«, erklärt sie, »jenseits der Wasserpfade von Ambar. Fremdes Volk hat sich dort niedergelassen, und die kennen die Mutter nicht. Statt sie zu verehren, machen sie sich große, hohe Rundbilder in Menschengestalt, bauen ihnen Häuser aus Ziegeln, nennen sie ihre Götter, bücken sich vor ihnen und reden sie dennoch mit Namen wie Menschen an. Als ich zuerst davon vernahm, habe ich gelacht. Oder kannst du dir vorstellen, wir im Wasserland kämen auf den Gedanken, die Mutterfrau in die Enge von Ziegeln einzuschließen? Wir würden der vielgesichtigen Gebärerin menschliche Gestalt geben, ihre Seele in einem Schnitzwerk festsetzen? Deshalb habe ich über die Leute vom Lehmland zuerst nur gelacht. Aber jetzt fürchte ich die Rundköpfe aus Kullab, ihre Stadt, an der sie seit Jahren bauen. Ja, in diesen Tagen spüre ich ihre Kraft bis hierher.«

»Ihre Schiffe kommen jetzt auch zu uns ins Dorf«, sage ich. »Die Frauen tauschen Tongeschirr, Käse und Tuch gegen Waren aus der Stadt. Ich kann die Schiffsleute nicht ausstehen, sie reden mit lauten Worten und haben harte Augen. Das mögen wir alle nicht.«

»Aber dein Bruder Enank ist fort mit ihnen, weg von der Frau, zu der er gehört, und lebt in Kullab bei den Rundköpfen«, unterbricht mich Sibar. »Ich kann mir nicht vorstellen, was dein Bruder dort bei den Lehmleuten will. Weißt du es vielleicht?«

»Nein«, antworte ich kurz, »und wir haben auch keine

Nachricht von ihm.« Dabei würde ich gern mit Sibar über Enank reden, denn ich ängstige mich um ihn. Jeden Tag frage ich mich, was ihm zugestoßen sein könnte. Vielleicht halten ihn die Lehmleute fest, daß er nicht zurück nach Ambar kann?

Gerade jetzt brauchte ich Enank so sehr. Vor bald zwei Mondjahreszeiten war seine Hochzeit bei uns im Haus. Ma hat uns, ihre beiden Söhne, mit Akunga verheiratet, einem Mädchen aus einem anderen Hausinseldorf. Die Mütter von Ambar folgen nicht selten dem Brauch, die Brüder eines Leibes derselben Frau zur Ehe zu geben. Nach den Hochzeitstagen ist Enank mit Akunga fort in ihr Dorf. Ich durfte noch bei meiner Ma bleiben, weil ich noch nicht zum Mann beschnitten worden war. Doch jetzt, wenn ich die Schwarzinsel verlasse, muß ich zu Akunga staken und als jüngerer Brudermann bei ihr leben. Ich habe sie nur ein paar Tage in unserem Haus gesehen, damals, bei der Hochzeit, und ich glaube, ich mag sie. Wäre mein Bruder mit dabei, fände ich es sogar schön, mit ihm zusammen bei ihr zu wohnen. Wenn aber Enank nicht da ist, wie soll dann das Leben für mich in dem fremden Haus werden?

»Woran denkst du, Dim?« fragt Sibar und streicht über meinen Arm. »Du sitzt da und läßt den Kopf hängen. Ist es wegen Enank?«

»Ja«, sage ich, »ständig muß ich an ihn denken, denn ich sorge mich um ihn. Tot ist er nicht, das müßte ich fühlen. Nein, ich bin sicher, er lebt. Aber vielleicht ist er in Gefahr und hat keinen, der ihm hilft. Daran denke ich.

Und an das, was du vorhin von der Mutterfrau gesagt hast. Glaubst du, die Leute aus Kullab könnten stärker sein als sie?«

»Sie versuchen es«, sagt Sibar. »Hier auf der Schwarzinsel höre ich vieles, was mir zugetragen wird. Frauen und Mädchen kommen und erzählen von Kullabs Schiffen, von den Fremden, die das Wasserland durchziehen wie fremde Vögel am Himmel. Mir wird gesagt, daß die Leute im Lehmland den Leib der Erdmutter aufreißen, ihre Wasser zwischen Dämme und Kanäle einzwängen und ihr Gewalt antun. Und ich sage mir, das ist erst der Anfang ihres Tuns. Die Männer vom Lehmland werfen ihr Fangnetz über Himmel und Erde, und sie glauben, daß sich keiner mit ihnen messen kann. An all das mußte ich denken, als du mir mit deiner Frage kamst. Ich dachte mir: Wollen denn die Männer jetzt alles an sich reißen? Wollen sie nun auch noch die Kinder machen? Überlege dir, wohin das alles führt. Wenn es so weitergeht, werden die Rundköpfe noch die Mutter aus ihrem Haus verstoßen!«

»Aber ich habe das doch nicht so gemeint«, sage ich. »Sibar, ich ehre die Mutter wie du. Ich möchte nichts tun, was sie traurig macht, bestimmt nicht, niemals!«

»Über die Mutterfrau möchte ich mit dir reden«, sagt Sibar. »Deswegen sitze ich hier mit dir, an dem Ort, der ihr Schoß ist.« Sie bückt sich, läßt die Schlange auf den Boden gleiten und schaut ihr nach, bis sie in der Grube am Nabelstein verschwunden ist. Dann wendet sie sich mir zu und schaut mich unter ihren Wimpern prüfend an. Ich senke den Blick. »Nein, schau her«, verlangt sie. »Ich muß mit dir über eine Geschichte reden, die so ungewöhnlich ist, daß ich mich frage, ob sie überhaupt wahr sein kann. Und dein Name, Dim, wurde mir dabei genannt.«

»Wer hat über mich geredet?« erkundige ich mich verwundert, »und was ist das für eine Geschichte, von der du sprichst?«

»Ich habe sie von Akunga gehört«, sagt Sibar, »zu der du ins Haus ziehst. Sie ist ein Kind meiner Mutterschwester, und sie hat kein Geheimnis vor mir. Also, dein Bruder hat über dich mit ihr gesprochen, als Akunga ihn nach der tiefen roten Narbe auf seiner Stirn fragte. Enank sagte, daß du ihm damals das Leben wiedergebracht hättest, denn du könntest wie eine Heilerin deine Seele von dir schicken, um den Atem eines Menschen wiederzuholen. Ja, und er hat gesagt, du wärest zur Mutterfrau ins Fischhaus unter den Inseln gegangen, um von ihr sein Leben zurückzubitten. Ich weiß nicht, was ich von dieser Geschichte halten soll. Ich muß von dir erfahren, ob das alles stimmt. Denn es ist lange her, seit jemand in Ambar die Mutterfrau sah. Und daß gar ein Mann oder ein Junge, der du ja damals noch warst, zu ihr ins Haus trat, davon hat noch nie jemand bei uns gehört. Sag mir, hast du sie wirklich gesehen? Sahst du der Mutterfrau ins Gesicht?«

Jetzt bin ich böse, wütend auf Enank. Denn nur er kennt meine Geschichte, und auch er nur halb. Warum spricht er mit anderen darüber?

»Wenn du nicht reden magst, laß es lieber«, sagt Sibar. Sie sieht mich mit Zweifeln kämpfen und meint: »Wenn nicht die Mutter dir Worte gibt, will ich es auch nicht wissen.«
»Doch«, sage ich, »ich will es dir erzählen. Es war, glaube ich, eine halbe Jahreszeit vor Enanks Hochzeit. An einem Nachmittag trug man Enank leblos zu uns ins Haus. Ich konnte nicht begreifen, ich stand einfach da und sah meinen Bruder an. Und er sah schrecklich zugerichtet aus! Boote stakten zu unserer Hausinsel, Frauen zerkratzten ihr Gesicht, ein Mann warf sich auf den Boden und weinte laut. Denn weißt du, Enank, mein Bruder, ist gut, alle mögen ihn.«
»Akunga hat mir erzählt, daß ein Schwarzeber über ihn hergefallen war«, sagt Sibar. »Aber wie konnte das passieren?«
»Beim Futtermachen im Schilf ist Enank auf ihn gestoßen«, erkläre ich ihr. »Der Eber griff ihn auf der Stelle an, Enank fiel um, und da war der Keiler über ihm. Oh, es war schlimm, wie Enank in unserem Haus auf der Matte lag.«
»War noch Atem in ihm?« erkundigt sich Sibar. »War er wirklich tot oder nur ohnmächtig?«
»Ich kann es nicht sagen«, antworte ich. »Und ich weiß eigentlich auch nicht, was dann mit mir war. Ich fühlte einen Stoß gegen die Brust und konnte mich nicht mehr rühren. Eine von den Frauen im Haus zeigte auf mich. Ich sah sie, ganz deutlich, aber zugleich war ich woanders. Ich stand plötzlich mitten im Schilf, wo Enank

Futter schneiden wollte. ›Faßt den Jungen nicht an‹, hörte ich meine Ma rufen. Sehr laut rief sie, und sie meinte mich, und ich konnte ihre Stimme klar hören. Aber noch deutlicher hörte ich die Stille im Schilf und mein Blut, das mir in den Ohren summte. Dann erkannte ich am Boden die Spuren. Zertretene Rohrstummel, aufgewühlter Schlamm, die Klaueneindrücke des Ebers. Sogar die zerbrochene Feuersteinsichel von Enank lag noch da.«

»Ich weiß, wovon du sprichst«, sagt das Mädchen der Mutterfrau, »ich kenne das Gefühl. War es sehr schlimm?«

Ich nicke und fasse nach Sibars Hand. »Da ist jetzt auch Enank«, sage ich, »ja, ich erkenne ihn. Es ist die Reiherente, das Seelentier von Mas Sippe. Ich bin sicher, das ist mein Bruder. Der Federschopf am Kopf ist ganz zerzaust. Ich gehe langsam auf ihn zu. ›Enank‹, rufe ich, aber nicht laut, daß er nicht erschrickt. ›Bruder, komm heim, komm zurück in unser Schilfhaus. Die Büffel schnauben, dein Boot ruft nach dir, komm an das Herdfeuer, kehr zu uns zurück!‹ Doch da fliegt der Entenvogel auf, kreist über dem Wasser, setzt zum Tauchflug an und ist in den Wellen verschwunden. ›Enank‹, weine ich, ›nein!‹ Ich nehme alle meine Kraft zusammen, springe, tauche und sinke mit offenen Augen. Ich höre die Wassertiere schnauben. Bis auf den Grund stoße ich hinab, winde mich durch Schlingpflanzen und Wasserfarn. Und mit einemmal stehe ich vor ihr. Ich weiß nicht, daß es die Große Mutter ist, die

Herrin der Boote. Aber ich sehe die Ente, sie gründelt dicht neben ihr. ›Bitte‹, sage ich zu der Frau, ›mein Bruder soll zurückkommen mit mir!‹« Ich hole tief Luft. »Das ist alles«, sage ich zu Sibar, »das war meine Geschichte. Denn plötzlich erkannte ich wieder meine Umgebung, sah Ma, Enank auf der Matte, die Leute, die mich anstarrten. Ich wußte, alles war gut, Enank würde leben. Ich ging zum Wasserkrug an der Tür und trank. Ich erinnere mich noch gut, daß ich einen schrecklichen Durst hatte und gar nicht aufhören konnte zu trinken. Ich ging in meine Schlafecke und schaffte es kaum bis zu meiner Matte, so müde war ich.«
Ich lehne mich an das Mädchen der Mutterfrau. »Ich möchte nicht, daß mir so etwas noch einmal passiert«, sage ich, »und wenn ich darüber spreche, habe ich Angst, daß es wieder geschieht.«
Sibar drückt mich an sich und streicht mir übers Haar. »Kleiner Bruder«, sagt sie, »du mußt dich nicht fürchten. Ich bin bei dir. Aber du hast nicht alles gesagt, du hältst etwas zurück. Sag mir, du hast sie richtig gesehen? Du schautest der Mutterfrau ins Gesicht?«
Ich höre mich antworten. Ich erzähle Sibar, was ich sogar meinem Bruder verschwieg.
Das Mädchen hört mir mit bekümmerten Augen zu. »Ich habe es geahnt«, sagt sie, als ich fertig bin, »aber ich wußte nicht, daß es so schlimm ist. Wenn du sie so traurig gesehen hast, muß die Mutter krank sein vor Schmerzen um uns. Was soll nur aus uns werden?«
Sibar und ich sitzen wortlos aneinandergelehnt, bis wir

draußen die Stimmen der anderen Jungen hören. Wir erheben uns und verlassen das Haus. Die Sonne steht feurig am Himmel und blendet mir die Augen.
Bis zum ersten Viertelmond müssen wir Jungmänner auf der Schwarzinsel bleiben. Wir dürfen mit keinem anderen Menschen in Berührung kommen, bis uns die Mutter aus ihrer Gegenwart entläßt. Wir freunden uns an, auch wenn wir kaum miteinander reden. Denn wir dürfen nur das Nötigste sprechen, und auch Essen und Trinken mißt Sibar uns auf das wenigste beschränkt zu.
Das Mädchen der Mutter führt uns zu den Stätten, die den Frauen heilig sind. Sie erklärt uns die Zeichen der Großen Mutter. Wir erhalten Unterweisung in der Überlieferung, sitzen nachts um den Nabelstein und hören Sibar die Sprechlieder der ersten Anfänge wiederholen: »Wasserland ist Mutterland, denn noch ehe zwei Dinge entstanden, war die Große Mutter von sich selbst her da ...«
Wasserland ist Mutterland, und Mutterland ist Frauenland. Die Frauen und die Mütter bei uns sind es, die beraten und entscheiden, sie sind vertraut mit den Weisungen der schlangenhaarigen Traumkindermutter. Die Frauen hinterlassen ihren Töchtern das Hauserbe, die Söhne verheiraten sie in ein anderes Dorf und statten sie mit Büffeln als Hochzeitsgabe aus. Frauen sind es, die mit dem Beschneidungsmesser Jungen zu Männern machen. Sie führen die Weihehandlungen aus, die das Jahr nach dem Gang des Mondes teilen und ordnen.

Wir sitzen um Sibar und lauschen, prägen uns die Überlieferungen Ambars ein. Das Mädchen der Mutterfrau singt, die Mutter der Gesänge und Tänze teilt ihr Lieder und Worte zu, und die Fingerkuppen Sibars tappen dazu den Rhythmus auf der Trommelschwinghaut des Pelikans. Sie singt von der Großen Mutter, die mit den Skorpionen tanzt, den Leoparden reitet, deren süßer Atem die Fische des Wasserlands froh sein läßt.
Tagsüber gehen wir Jungen zwischendurch ins Schilf, schneiden Bündel, verknoten sie und hauen Staken für unsere kleinen Flöße, mit denen wir die Insel verlassen werden. Ein letztes Mal schlafen wir in der Nabelgrube am schwarzen Stein. In der Mitte der Nacht schrecke ich auf, weil ich glaube, das Gesicht der Mutterfrau wieder zu sehen, wie damals, als ich Enank zurückbat von ihr. Meine Glieder fliegen, ich keuche nach Luft. Aber da ist Sibar bei mir. »Lehn dich gegen mich«, sagt sie, »sei ruhig.« Die Haut des Mädchens ist glatt und gut, ihre Umarmung tröstet mich, ich kriege wieder Atem und finde zurück in den Schlaf.
Morgens begleitet uns Sibar ans Uferwasser. »Ihr könnt jetzt reden«, sagt sie, »aber nicht zu laut, daß ihr die Schatten der Insel nicht stört.«
Wir flüstern miteinander, drücken uns zum Abschied. »Grüße meine Ma«, bitte ich einen von den Jungen. In unserem Dorf warten eine neue Schlafmatte und ein neues Haus auf ihn. Ich kenne das Mädchen, das ihm seine Mutter zur Frau bestimmte. »Die ist lieb«, sage ich ihm. »Aber denk daran, bei uns im Dorf darfst du in

Gegenwart der Schwiegermutter nicht sitzen, nur wenn sie es dir vorher erlaubt hat.«
Der Junge schneidet eine Grimasse. »Du hast es gut, mit dir möchte ich tauschen! Du hast einen Bruder, der neben dir auf der Schlafmatte liegt. Eine doppelte Schnur reißt nicht so leicht. Aber ich ...?«
»Du wirst sehen«, sage ich, »du kommst mit dem Mädchen aus. Das ist nicht so eine, die dir gleich die Matte vors Haus legt, wenn ihr an dir was nicht paßt!«
Wir machen uns fertig, und ich will losstaken. Aber als ich mein Schilfbundfloß besteige, sagt Sibar: »Warte noch, Dim.« Sie reicht mir die Hand und zieht mich den schlüpfrigen Ufersaum hoch. Es hat in der Nacht geregnet, und der Lehm quatscht um meine Knöchel. Sibars Hand läßt mich nicht los, als ich neben ihr stehe. Ich warte, was sie von mir will, aber das Mädchen der Mutterfrau schaut mich nur an. Ihr Atem geht ruhig, und eine Weile stehen wir beide wortlos beisammen unter dem morgengrauen Himmel. Sibars Augen sind so nah, daß ich die scheckige Regenbogenhaut sehe, die kleinen grünlichen Einsprengsel ihrer bräunlichen Iris erkenne.
»Dim«, sagt sie, »du bist mir lieb wie ein Bruder. Dein Gesicht versteckt nichts. Ich sehe, was du fühlst, deine Gedanken spiegeln sich wie Vogelschatten, die übers Wasser huschen. Aber da ist noch etwas anderes, eine Kraft, die ich an dir spüre, für die ich keinen Namen habe. Eine Gottheit, die dich schützt, ihr Name wird gut für dich sein. Rufe nach ihr, wenn du sie brauchst.« Sie

läßt meine Finger los, zieht ihre Schneckenkette vom Hals und streift sie mir über. »Gib sie Akunga«, sagt sie und lächelt mir zu. Meine Lippen zittern. »Ich kann mir denken, wie das für dich ist«, sagt Sibar. »Du kommst in ein anderes Dorf, gehst in ein fremdes Haus, und du kannst nicht wissen, was dich dort erwartet. Ist es schlimm, von deiner Ma weg zu sein? Hast du Angst?«
»Nein«, antworte ich und denke, Angst ist es nicht, aber ich fühle mich so unsicher. Ich weiß nicht, wie ich mit meiner neuen Umgebung zurechtkommen werde. Ich habe mir zu Hause vorgenommen, alles zu tun, daß sich mein Bruder nicht schämen muß, wenn er aus Kullab kommt. Aber wenn er nun gar nicht zurückkommt? Doch, ich habe Angst, gestehe ich mir ein. Ich kann mir nicht vorstellen, ohne Enank in dem neuen Haus zu sein, ohne meinen Bruder mit Akunga zu leben.
»Du, Akunga wird dich gernhaben«, sagt Sibar, »ich kenne sie, ich weiß es. Sie wird gut zu dir sein. Ich sehe dich wieder, wenn Akunga mit ihrem Boot bei der Mondzeit kommt oder wenn ihr Tonsachen zum Brennen auf die Insel bringt.« Das Mädchen der Mutterfrau nimmt mein Gesicht zwischen ihre Hände und küßt mich auf den Mund: »Gib's weiter an sie! Und jetzt lauf, spring auf dein Floß.«

Ich bringe mein Floß durch die Wasserpfade. In den Schilfbetten stehen die hellgrünen Sprossen bereits drei Fuß hoch zwischen dem alten Rohr. Betaute Spinnennetze glitzern, Froschlaich brodelt, das Wasser ist bis

auf den Grund durchscheinend klar. Von einer Uferböschung läßt sich eine klafterbreite Schildkröte herab und landet mit lautem Platscher zwischen Schleimblasen und den wäßrigen Blumen des Wassersaums.
Ich kenne die Wasserwege jenseits der schwarzen Insel nicht, aber Sibar hat mir die Richtung gewiesen, in die ich mich halten muß. Zwischendurch gerate ich in totes Wasser, Röhricht raschelt, und ich stake wieder zurück. Später tut sich eine offene Lagune auf, und in der Ferne kräuselt Rauch. Ich halte darauf zu. Ein Schwarm rotsilberner Heringsfische begleitet den Floßschatten.
Der Tag kommt in Hitze, bis ich das nächste Schilfdorf erreiche. Das Röhricht dampft, der Himmel bezieht sich mit Wassermoos. Boote, mit Büffelfutter beladen, stoßen schwerfällig aus den Seitenarmen der Schilfbetten. Ich grüße die Leute, sie winken und wir wechseln Worte übers Wasser. Mit einemmal merke ich meinen Hunger, er zerrt mir im Magen. Ich halte auf eine Hütte am Ufer zu. Sie hängt schief in den Rundbogen, das Fundament ist ausgespült und nicht wieder aufgefüllt. An den Mattenwänden trocknen Büffelfladen in der Luft. Ein alter Mann sitzt vor dem Eingang und fädelt Fische auf einen Binsenfaden.
»Bitte«, rufe ich hinüber, »kann ich eine Schale Sauermilch haben?«
Der Mann legt die Arbeit beiseite, ich sehe in sein breites Gesicht. Furchen laufen von der Nase bis in den krausen Bart. »Na, spring schon«, fordert er mich auf

und hält mir die Hand entgegen. »Hock dich da aufs Bündel, ich bringe dir was.«
Ich setze mich. Nach einer Weile kommt der Alte aus dem Haus und stellt Milch, Dickbrot und Fischkäse vor mir ab. »Lang zu«, sagt er, »ich sehe, woher du kommst. Iß, soviel du magst. Drinnen ist noch mehr.«
Ich habe den Mund voll, noch bevor ich danke sagen kann, und trinke die Milch mit einem Zug aus. Der Mann geht und füllt die Schale ein zweites Mal. Es schmeckt so gut, so unglaublich neu. »Iß nur weiter«, brummt der Alte mir zu und nimmt seine Arbeit wieder in die Hand. »Du bist nicht der erste von der Schwarzinsel, der bei mir sitzt. Jetzt weißt du, was Leben ist, essen, trinken, sich mit jemand unterhalten können. Und wohin willst du durchs Schilf?«
Ich sage es ihm. »Deine Richtung stimmt«, erklärt er. »Drüben haben die Wasserhunde ihren Damm, den läßt du rechts liegen. Du folgst mit der Strömung dem Schwarzwasserlauf und hältst dich weiter genau gegen die Sonne. Vor dem Melken bist du an deinem neuen Schlafplatz. Komm, deine Schale ist leer, ich hole dir noch einmal.«
Ein Junge paddelt gegen die Strömung vorbei und blickt verstohlen zu mir herüber. Ich winke, klettere auf mein Floß und stoße ab.
Ich fühle mich wieder frisch. Das Essen hat gutgetan, und nach der Beschreibung ist es nicht mehr weit bis zu Akungas Dorf. Inzwischen ist es früher Nachmittag, und der junge Viertelmond wandert auf Süden zu. Sicher

rechnen die Leute in dem neuen Haus heute mit meinem Kommen. Denn überall in unseren Dörfern werden die Tage des Frühlingsmondes gezählt, nach dessen erstem Viertel das Mutterhaus auf der Schwarzinsel die jungen beschnittenen Männer entläßt. »Sie geben dir bestimmt ein Fest, wenn du ankommst«, hatte Onkel Tum gesagt, als ich zum letztenmal bei ihm im Haus saß. »So ist es üblich, und es wird lustig sein, mit Bier und Liedern, wie es sich gehört. Am nächsten Tag kennst du das halbe Dorf.« Ich versuche mir ein Fest vorzustellen wie bei uns zu Hause. Aber ich war noch nie allein unter lauter fremden Menschen, und wenn ich daran denke, ist mir wenig nach Ausgelassensein und Feiern zumute. Aber alles wird besser sein, wenn erst Enank aus Kullab wieder da ist, sage ich mir und stoße mein Floß weiter durch die Wasserpfade.

Der Mond hat beinahe seine südliche Höhe erreicht, als ich hinter einem Wasserknie die gewölbten Inselhäuser erkenne. Goldbraun, wie Vogelnester im Rohr, liegen sie über dem Wasser. Mein Herz schlägt hart, ich spüre es bis zum Hals.

Ich treffe auf eine Herde wassergrasender Büffel, die zum Dorf gehören müssen. Die Tiere heben den Kopf, besehen mich, ohne dabei aufzuhören zu kauen, schlagen mit den breiten Ohren und setzen ihre schaukelnde Wanderung fort. Zwischen den schwarzen, triefenden Leibern entdecke ich eine von unseren Büffelkühen. Es ist Qet; Enank hat sie zu Akungas Hauspferch geritten, als er zu ihr zog. Ich halte mein Floß gegen die Strömung

fest, lasse meinen Staken ins Wasser fallen, springe vom Floß und schwimme auf die Büffelkuh zu.
Jetzt hat Qet mich entdeckt. Augenrollend kommt sie mir entgegengeschwommen, ihre Lippen beben. »Oh Qet«, lache ich, patsche um sie herum, ziehe mich auf ihren breiten Rücken. Ich halte mich an den Hörnern fest und rufe: »Melkzeit ist, du bringst mich ins Dorf!«
Die übrigen Büffel waten hinterdrein. Was für ein Ächzen und Stöhnen und Grunzen! Ich hatte fast vergessen, wie traurig das klingt, wenn Büffel sich wohlfühlen. Die ersten Hausinseln kommen näher, ich höre Handmühlen gehen, Hundegebell, dazwischen das Summen vieler Stimmen. Es ist ein großes Dorf, größer als unseres, ich finde mich in dem Gewirr von Binsenmatten, Rohrzäunen und Booten zwischen den Inseln kaum zurecht. Aber Qet kennt ihren Weg. Sie hält auf ein breites Rundhaus zu. Seine Kuppel spiegelt sich mit dem blassen Himmel darüber im Wasser. An den Rohrpfosten neben der Türmatte sind rote Handabdrücke, frische Büschel mit gelbblühenden Sumpfdotterblumen und Teichrosen stecken in den Flechtwänden. Das Haus ist zum Fest geschmückt, sie haben auf mich gewartet. Ich melde mich laut und rufe.
Fünf Büffel, zähle ich, steigen hinter mir das Ufer hinauf und folgen Qet in den Pferch. Akunga kommt um den Rohrzaun gerannt; ich habe sie bei der Hochzeit in unserem Haus gesehen und erkenne sie wieder.
»Dim«, ruft sie, »du bist es doch, oder?« Sie kommt auf mich zu, faßt meine Hand und betrachtet mich. »Mein

kleiner Bruder-Mann«, sagt sie, »wie groß bist du geworden. Wir hatten schon auf dich gewartet. Jetzt bist du da.« Sie reibt ihre Nase an meiner Backe und gibt mir einen Begrüßungskuß.
Ich fasse nach Sibars Kette, ziehe sie über meinen Nacken und lege sie ihr in die Hand: »Die ist für dich.«
»Oh, wie schön, die gefällt mir«, dankt sie überrascht. »Du hast sie für mich gemacht?«
»Nein«, antworte ich, »Sibar schickt sie dir. Ich komme einfach so.« Verlegen streiche ich mit den Händen über meine Seiten. »Aber vielleicht kann ich schon die Büffel melken oder was anderes tun?«
Akunga schaut mich belustigt an und wuschelt mir durchs Haar. »Mein kleiner Bruder-Mann, du möchtest dich gleich in die Arbeit stürzen, weil du nicht weißt, was du reden sollst. Mir würde es auch so gehen, aber paß nur auf, in ein paar Tagen bist du hier zu Hause. Jetzt komm, die Büffel können warten, Asal melkt sie nachher. Heute ist Festtag für dich. Unsere Leute werden bald vom Futterholen zurück sein. Ich habe allein auf dich gewartet. Hast du gesehen, daß ich das Haus für dich geschmückt habe?«
Wir gehen um den Zaun herum durch das Gemüsegärtchen ins Haus hinein. Akunga rückt Pfannen und Schüsseln an das kleine Feuer. Ich setze mich und sehe mich um. Das Haus ist unterteilt. Ich erkenne Rohrregale mit Behältern und farbigem Tongeschirr, an der geflochtenen Wand lehnen Staken, Fischspeere und Paddel, gemusterte Kissen liegen auf den Bodenmatten.

Das Dach ist schwarz von Rauch. Von der anderen Hausseite schauen zwei Büffelkälber herüber. An den runden Tragebögen hängen Angelschnüre, Fischfangstricke mit Haken, Flechtkörbe, Wollbündel und Handwebrahmen. Alles ist wie bei uns im Dorf. Es duftet vom Feuerplatz, Akunga bäckt frisches Pfannenbrot. Sie schlenkert die Finger und schreit auf. »Ich habe mich verbrannt«, beklagt sie sich. »Dim, du sagst ja gar nichts. Erzähl mir von Sibar.«
»Die Jungen sind heute morgen fort, und sie ist allein auf der Schwarzinsel geblieben«, sage ich. »Mir würde das nicht gefallen, so zu leben. Was macht Sibar eigentlich, wenn sie niemanden bei sich hat?«
»Oh«, sagt Akunga, »das siehst du verkehrt. Sibar ist selten allein. Frauen kommen und bringen ihre Tonsachen zum Brennen. Oder jemand holt sie, wenn ihre Hilfe bei einer Krankheit gebraucht wird. Und du weißt, die Frauen und Mädchen kommen zur Mutter, wenn sie ihre Mondtage haben oder ihr Kind gebären. Sibar hat genug zu tun. Sie spricht mit den Schlangen der Mutterfrau, wäscht ihren Stein und zählt für uns die Mondaufgänge im Jahr. Wie findest du Sibar? Ist sie nicht schön?«
»Ja, sehr schön«, stimme ich zu. »Ihre Haare sind rötlich, wenn die Sonne darauf scheint.«
Akunga lacht. »Was du nicht siehst«, neckt sie mich. »Und wie bin ich? Habe ich auch etwas Besonderes an mir?«
Akunga sieht lieb aus mit ihrem Zopfkopf und den

hohen Brauen über den hellbraunen Augen. Unter dem weiten Mund hat sie ein winziges Grübchen im Kinn, wenn sie redet. Ihr Körper hat lange, schmale Glieder, und sie bewegt sich schnell und sicher. Ja, ich finde, Akunga sieht schön aus, aber ich traue mich nicht, es ihr zu sagen. »Du bist Enanks, meines Bruders Frau«, antworte ich. »Alles an dir ist schön, das hat er mir gesagt, als du bei uns warst.«

»Das sagt er«, grollt Akunga, »aber er ist nicht hier, dein Bruder. Ich habe schon aufgegeben, die Mondzeiten zu zählen, seit er bei den Rundköpfen in ihrem Lehmland ist. Am liebsten würde ich ihm seine Matte vor die Tür werfen. Was denkt er sich eigentlich? Aber laß gut sein. Hier!« Sie reicht mir von dem Pfannenbrot. »Magst du?« Es ist dünn gebacken, knusprig und schmeckt gut. Ich sitze in dem neuen Haus, spüre, wie meine Befangenheit weicht, rede und schaue Akunga zu, die in einem Topf neuen Teig anrührt. »Das ist für unsere Leute«, sagt sie, »bald müssen sie vom Futtermachen zurücksein.« Ich esse, und zwischendurch erzähle ich von Ma, wenn Leute zu ihr kommen, denen etwas wehtut, ich spreche mit Akunga über unsere Büffel und beschreibe ihr, wie ich früher einmal ein winziges Fischotterjunges aufzog und zähmte. Ja, ich merke, daß alles viel leichter ist, als ich es mir vorher ausgemalt hatte. Ich hatte vor den vielen fremden Gesichtern Angst gehabt und bin froh, daß Akunga allein auf mich gewartet hat. Eigentlich ist sie wie eine große Schwester. Sie hört mir zu, fragt, lacht, ruft etwas dazwischen

und bäckt währenddessen einen ganzen Stapel Pfannenbrot.
»Du bist anders als dein Bruder«, sagt sie plötzlich, legt trockenen Büffelmist auf die Glut, kommt vom Herdplatz und setzt sich mir gegenüber auf die Matte. »Wenn ich mit Enank reden wollte, war er meist mit seinen Gedanken woanders, überhaupt nicht richtig da. Aber deine Stimme klingt gut. Es ist schön, daß du gekommen bist, kleiner Bruder-Mann.« Sie rückt zu mir. »Komm, küß mich«, sagt sie.
Ich fühle ihre Lippen an meinem Mund. »Der ist von Sibar«, sage ich, »den soll ich dir von ihr geben.«
»Du bist ein Scheusal«, beschwert sie sich und wirft sich über mich. »Zeig, was du kannst«, fordert sie mich auf, »wer zuerst den andern von der Matte hat!«
Wir balgen uns, bis wir außer Atem sind. Akunga ist kräftig. Sie ist stärker als ich, merke ich und ärgere mich, weil ich zuerst aufgeben muß. »Warte nur«, fauche ich, »wenn ich ein Jahr älter bin, habe ich mehr Muskeln und bin so gut wie du!«
Akunga lacht mich aus, ihr Gesicht glüht. Es macht Spaß, mit ihr zu streiten. »Was ist, kleiner Bruder-Mann«, reizt sie mich, »traust du dich nochmal?« Ich gebe ihr einen Stoß, und wir fallen gegeneinander, versuchen uns von der Matte zu schubsen, bis Akunga ruft: »Aufhören, Dim, hör auf!« Wir knien voreinander, mustern uns und lachen. »Ich mag dich, kleiner Bruder-Mann«, sagt sie, »ich glaube, ich mag dich sogar sehr. Du mußt nicht erst ein Jahr älter werden. Und was

meinst du wohl, wieviel Arbeit es hier für dich gibt: Schilfschneiden, Fischestechen, Futterholen, du wirst schon sehen!«

»Oh«, sage ich, »wenn das schon alles ist.«

Sie stellt sich böse. »Bilde dir bloß nichts ein!«

Es wird ein langer Abend und eine ausgelassene Nacht mit Spielen, Gesängen, vielen Liedern und Tänzen. Temar, Akungas Mutter, Asal, ihr Mann, und Lugin, Temars kleines Mädchen, sind vom Futterholen gekommen, und bald darauf ist das Haus gedrängt voll mit Frauen und Männern von den umliegenden Hausinseln. Die Mattenwände beulen sich nach außen. Stimmen schnattern durcheinander, Späße und laute Zurufe fliegen hin und hier. Mir geht es gut, ich esse, rede, bin lustig aufgelegt und fühle mich wohl. Asal drückt mir eine Tontrommel in die Hand, und ich trage ein Necklied aus unserer Gegend vor, Dorfklatsch, über den die Leute lachen. »Weiter, nein, nicht aufhören«, ruft es von allen Seiten, als ich am Schluß bin. Noch mehr Spaßlieder und Scherze machen die Runde, Rasseln klappern, Handtrommeln summen. Akunga sitzt in der Nähe vom Feuer und ruft mir etwas zu, aber in dem Lärm verstehe ich kein Wort. Funken stieben bis unters Dach aus dem Ende eines langen Schilfbündels, das eine Frau ins Feuer stößt. Es brennt mit einer blauen Flamme hochlodernd auf.

Jemand hat mit dem Boot einen Jungen herbeigeholt. Er tanzt auf einer ganz winzigen Fläche zwischen uns. »Aah«, rufen die Zuschauer und feuern ihn an. Der

Junge singt, und wir fallen laut mit ein, die Pelikantrommel schlägt den Rhythmus. Der Junge hat lange Wimpern, er bewegt sich mit geschlossenen Augen. Seine Schultern zucken, die Füße steigern immer mehr den Schritt, die Hüften kreisen, er streckt sich auf den Zehen. Die Frauen klatschen ihm zu: »Tanze, ja, schneller, noch mehr!« Er reißt die Arme hoch, läßt die Finger flattern, sein Körper fliegt, und er bringt den Tanz zu Ende, ohne auch nur einmal zu stolpern. Die Luft platzt vor Beifall und Gelächter. Der Junge drückt sich zwischen den Leuten hindurch und verschwindet nach draußen.

Neues Gerstenbier geht herum, Spelzen schwimmen darauf, wir saugen es mit Schilfrohren und lesen die Kornhülsen von den Lippen. Ich gucke zu Akunga, sie steigt über Beine und Füße und kuschelt sich neben mich, schlingt mir die Hände um den Nacken. Ihr Atem kitzelt mich am Ohr. »Du«, sagt sie begeistert, »was für ein Fest! Mein kleiner Bruder-Mann, du schaust süß aus, wenn du ausgelassen bist. Deine Augen werden dunkel wie Lorbeerkirschen.«

»He«, feixt Asal, »paß auf, Dim, heute bist du süß, morgen frißt sie dich auf.« Er legt mir die Hand aufs Knie. »Nimm dich in acht vor der, deinen Bruder hat sie auch schon vergrault.«

»Was du für Lügen erzählst!« Akunga schluchzt auf, ich fühle ihren Körper zittern. »Ich habe Enank nicht die Matte vor die Tür gelegt!«

»Das habe ich doch nicht so gemeint«, stammelt Asal

und schweigt dann betreten. Nach einer Weile steht er auf und setzt sich auf einen anderen Platz.
Der Lärm geht weiter, wir glühen vor Hitze und Bier, aber mir hat es die Stimmung verschlagen. Mir ist es leid um meinen Bruder, daß ich ihn nicht verteidigen kann, sicher würde er das von mir erwarten. Aber Enank ist im Lehmland, fort ohne Wiederkehr. Ich möchte zu ihm halten, aber ich kann mir sein Verhalten nicht erklären. Mir ist beklommen zumute. Die Sorge um Enank drückt mich, meine Schultern, mein Kopf sind schwer vor Kummer um ihn.
Am nächsten Morgen ruft mich Asal zu sich ins Boot, und wir fahren ins Schilf zum Futtermachen. Asal ist ein breitschultriger Mann in mittleren Jahren. Mir gefällt sein offenes Gesicht. Temar hat ihn vor ein paar Jahren zu sich ins Haus genommen, erzählt Asal. »Die Frau hat eine wichtige Stimme im Dorf«, erklärt er mir, »du kannst die Leute nicht zählen, die zu uns ins Haus kommen, um sich mit ihr zu besprechen.«
Asal zeigt mir die verschiedenen Weidegründe der Büffel. Ein Stück weiter ab liegen die Schilfbetten, in denen wir das Futter schneiden, das die Tiere für die Nacht im Hauspferch vorgeschüttet bekommen. Unterwegs erfahre ich von Asal die Namen unserer Nachbarn, und wir tauschen uns über die Sitten und Gewohnheiten in unseren Dörfern aus. Die Frau, bei der er früher lebte, ist jung gestorben, berichtet Asal. »Sie hatte eine Schwester, aber die wollte mich nicht als Mann mit dazu«, sagt er. »Da bin ich also über die Dörfer gezogen

und habe nach einer anderen Hausfrau für mich gesucht. Hier im Hausinseldorf bin ich dann geblieben. Temar ist eine gute Frau. Ich habe mein gutes Auskommen bei ihr.«

Bis wir mit vollbeladenem Boot zurück sind, ist fast der halbe Vormittag vorbei. »Ich bin froh, daß wieder ein Mann mit im Haus ist«, bemerkt Asal, als wir an unserer Hausinsel anlegen. »Einer allein kann das kaum schaffen, was es hier alles zu tun gibt.«

Über den gestrigen Streit mit Akunga hat Asal während der ganzen Zeit nicht gesprochen, auch den Namen von Enank erwähnte er kein einziges Mal. Ich hätte ihn gern nach meinem Bruder gefragt, er hat ja mit Enank hier im Haus unter einem Dach gelebt. Aber nach dem Vorfall vom Abend will ich Asal nicht von mir aus darauf ansprechen.

Die folgenden Tage vergehen mit den üblichen Arbeiten, die im Haus anfallen. Dann setzt die jährliche Frühjahrsflut ein, die Wasser steigen allmählich und heben die Hausinseln. Asal und ich hauen Schilf, füllen die Fundamente auf und befestigen den Uferzaun neu im Sumpfboden, damit die Insel nicht forttreibt. Jetzt sind überall die Männer und Jungen im Röhricht, staken riesige Ladungen mit Seggenbüscheln, Weidenzweigen und Rispelsträuchern zu den Hausinseln. Ich lerne schnell mit den Leuten auskommen.

Als das Hochwasser aufläuft, können die Büffel nicht mehr heraus, ihre Weidegründe sind überflutet. Ununterbrochen bin ich unterwegs und schneide Futterschilf.

In Ambar heißt es: Futtermachen ist Leben im Wasserland, daß die Büffel überleben. Das Wetter schlägt um, wird kalt und unfreundlich. Wind streicht durch die Hütte, Regen prasselt aufs Dach, das Haus riecht nach Schilfrauch und Mist. Die Büffel stehen in den Hauspferchen, schwingen ihre Köpfe und stöhnen. Die beiden Kälber liegen warm neben dem Feuer. Lugin läßt sich von ihnen die Finger nuckeln. Wenn ich nicht mit dem Boot draußen bin, sitze ich am Türvorhang und schnitze einen dreizackigen Fischspeer für mich.
Akunga und Temar arbeiten zwischendurch an ihren Tonsachen. Sie tauschen an den Handelsschiffen von Kullab getrocknete Datteln, Gerste, Salz und Palmhonig dafür ein. Ich schaue den Frauen bei der Arbeit zu. Sie bemalen die dünnwandigen, luftgetrockneten Gefäße mit breiten grün- und rotschwarzen Schlangenmusterbändern. Ihre Farben sind kräftig, leuchtend und klar. Eigentlich würde ich mich auch gern einmal daran versuchen, aber Töpfern, Malen und Brennen sind Arbeiten der Großen Mutter, die Männern nicht zustehen, ebensowenig wie Backen, Weben und das Flechten von Korbgefäßen. Männer haben für die Büffel zu sorgen, ihnen obliegt Futterschneiden und Melken.
Wenn Lugin gelaufen kommt, nehme ich sie auf meinen Schoß und erzähle ihr Geschichten. Zum Beispiel, wie Schildkröte einmal Geier überlistete. Lugin steckt den Daumen in den Mund, hört ernsthaft zu und fragt mich jedesmal am Ende: »Dim, du weißt noch viele Geschichten, ja? Du mußt sie mir alle erzählen.«

Am Vortag vom Vollmond beladen wir das Rohrboot mit den luftgetrockneten Tonwaren. Es sind Trinkschalen und Becher, viele Näpfe mit flachen Böden und einige spitze Ständerkrüge. Auch Ösentöpfe, an Riemen und Schnüren zu tragen, sind darunter. Mir gefallen die bunt bemalten Keramikperlen am besten, die Akunga aufgefädelt hat. »Die Schnur verbrennt mit im Ofen«, erklärt sie mir. »Ich versuche einen neuen Rot-Ton herauszukriegen und bin neugierig, wie die Farbe nach dem Brennen wirken wird. Schau, jede Perle hat eine andere Zeichnung.«
»Wenn du das Boot mitnimmst«, frage ich, »wie soll ich Futter holen?«
Akunga schaut mich an, als verstehe sie nicht. »Wir fahren doch miteinander zur schwarzen Insel«, sagt sie. »Dann laden wir aus, du fährst zurück und kannst zwischendurch Futter schneiden und aufladen. Am vierten Tag nach Vollmond holst du mich wieder ab, verstehst du?«
Ich nicke und packe meine Sichel und den Fischspeer zu den Paddeln ins Boot.
»Fahrt sachte«, ruft Temar vom Haus hinter uns her, »daß den Töpfen nichts passiert.«
»Darf ich mit?« bettelt Lugin, als wir gerade abstoßen wollen.
Temar zögert. »Meinetwegen«, entscheidet sie dann, »aber, Dim, hab gut auf sie acht.«
»Das mache ich«, rufe ich zurück. Ich hebe Lugin zu uns ins Boot und freue mich. »Setz dich vor mich in den Bug,

aber vorsichtig«, warnt Akunga, »und paß auf die Töpfe auf!«
Ich nehme hinter Akunga Platz, wir stechen die Paddel ein und kommen vom Ufersaum frei. Es ist früh am Tag, der Tau noch nicht geschmolzen. Das Boot liegt flach in den kleinen kurzen Wellen, wir haben es gut bepackt und kommen schnell voran. Ich bemerke bald, daß ich auf der Herfahrt einen Riesenumweg gemacht habe. Akunga steuert Sibars Insel auf gewundenen Wasserläufen an, nennt mir die Namen der Durchlässe, der Inseln und Buschufer: »Drüben auf der Seite ist das Wütender-Mann-Weidicht, dahinter ist unser Karpfengrund, und vorn, wo die Flamingos stehen, kommt die Federinsel.«
Ich merke mir die Wassermarken für die Heimfahrt. Der Himmel klart auf, die Sonne sticht, wir geraten ins Schwitzen. Lugin fischt weiße Seerosen aus dem Wasser und lutscht an den süßen Blüten. Ehe die Sonne doppelthandbreit höher gestiegen ist, erreichen wir das Schwarzhügelwasser. Akunga dreht sich um. »Wenn wir am Ufer sind, bleibt ihr beide im Boot«, sagt sie. »Du auch, Lugin, du bist noch zu klein.«
Von weitem erkenne ich die Schilfrohrknoten, dahinter das Mutterhaus. Frauen knien am Ufersaum, waschen und blicken zu uns herüber. Akunga umrundet die Insel und führt das Boot an einer Gruppe von alten Weidenbäumen vorbei, die halb im Wasser stehen. Ich rieche den Rauch der Brennöfen. Mädchen kommen und helfen entladen, sie werfen mir Blicke zu und tuscheln.

Ich fühle mich ungeschickt und habe plötzlich Angst, daß mir beim Zureichen etwas zerbricht. Ich habe mich noch nicht daran gewöhnt, auf einmal zu den Männern zu gehören, die ihre Frauen zur Insel der Mutterfrau bringen. Wenn Enank nach Hause kommt, wird er es sicher tun. Und eines Tages wird er Akunga mit einem Kind vom Gebärplatz der Frauen hier abholen.

Akunga winkt uns, bis wir unter den Weiden verschwunden sind. Ein kurzer Schauer geht nieder, die Tropfen zischen in die Wellen, Eisvögel wiegen sich farbenprächtig im Röhricht, und Schwalben flippern dicht um unser Boot.

»Erzähl mir eine Geschichte«, bittet Lugin. »Aber eine, die ich schon kenne, keine neue.«

»Gut«, antworte ich und steuere das Boot um einen Büffelkadaver, der aufgedunsen, vom Kot der Vögel weiß übertüncht, zwischen Knöterich und Wasserlinsen treibt. »Welche willst du denn hören?«

»Am liebsten mag ich die von der großen Flut«, erklärt Lugin. »Wie Ambar, das Wasserland, untertauchte und am Schluß nur noch eine einzige Insel mit Menschen und Tieren obendrauf schwamm. Kennst du die?«

»Freilich«, bestätigte ich, »ich denke, jeder kennt sie. Und kommt darin nicht auch ein Regenbogen vor, schau, genau so einer wie der da drüben?«

»Oh», ruft Lugin, »wie bunt der ist!« Sie dreht sich um und sagt: »Du kannst wohl zaubern? Ist das die Regenbogenschlange, die über den Himmel zog, als es nach den Tagen der großen Flut aufhörte zu regnen?«

»Ja, es ist die Regenbogenschlange«, erzähle ich. »Das war in den Tagen, als die Menschen die Große Mutter vergaßen. Keiner kümmerte sich mehr um sie. Die Menschen achteten ihre Lieder und Tänze nicht mehr, ihr Haus auf der Schwarzinsel stand leer und seine Wände faulten. Kein Wasser netzte mehr den schwarzen Nabelstein. Da begann die Mutter zu weinen. So fängt die Geschichte an, erinnerst du dich?«
»Ich kenne sie auswendig«, sagt Lugin, »ich will nur wissen, ob du sie auch kennst.«
Ich steche mein Paddel im Wechsel links und rechts ein und erzähle weiter: »Sieben Nächte und sechs Tage schwollen die Wasser und hoben die Insel auf, bis sie über der Erde schwamm. Und die Flut wuchs immer mehr, die Enden des Erdlands rissen aus, und die Menschheit wurde zu Lehm. Nur die Leute auf der Hausinsel blieben übrig und alles Wild, das gefiederte Getier und das Vieh, das mit ihnen im Haus war. Als der siebte Tag kam, schlossen sich die Tiefen des Wassers, die Flut verlief sich, und die Hausinsel ließ sich in Ambarland nieder, und die Spitzen des Schilfrohrs wurden wieder sichtbar.«
Ich erzähle zu Ende. Zweimal unterbricht mich Lugin. »So war es nicht«, sagt sie und verbessert mich: »Es war kein Rabe, der den Zweig gebracht hat, sondern die Taube hatte die ersten grünen Blätter gefunden. Deswegen kommt sie jedes Jahr im Frühjahr wieder und sitzt in den Ästen am Pappelfluß. Und bei den Büffeln war noch das Kuhkälbchen, das hast du vergessen.«

»Richtig«, gebe ich zu, »das Kälbchen muß mit auf die Insel, sonst ertrinkt es. Aber den Zweig bringt der Rabe, bei uns im Dorf wird es jedenfalls so erzählt.«
Ich erkenne die Wassermarken wieder, die ich mir auf der Hinfahrt gemerkt hatte. Hinter dem Wilden-Mann-Weidicht lasse ich das Boot ins Schilf treiben, nehme die Sichel und steige aus. Der Boden ist schwammig und gibt mit jedem Schritt nach. Ich arbeite rasch und trage Arme voll Grünfutter ins Boot. Ein Fischotter schreckt auf, hebt sich sichernd empor und ist plötzlich im Wasser verschwunden. Ich packe meinen Futterhaufen und gehe durch das Altrohr zurück. Lugin liegt auf dem Grün und schläft. Leise stelle ich mich ins Heck, stake ins freie Wasser und paddle heim ins Dorf.
Gerade hat Asal die Büffel gemolken. Er reicht mir eine Milchschale, ich puste den Schaum ab und trinke. Ich gehe zurück ans Boot, hebe Lugin heraus und lege sie im Haus auf ihre Schlafmatte. Dann packe ich den Tieren das frische Futter vor.
»Qet«, sage ich zärtlich und fahre ihr zwischen die Hörner. Sie ist so rund, bemerke ich und frage Asal: »Bekommt sie wieder ein Kalb?«
»So sieht es aus«, meint er, »aber nicht so bald, sie gibt noch Milch.«
Im Haus sitzt Temar und schüttelt den Buttersack zwischen ihren Knien. Ich weiß nicht, ob ich mich setzen darf, und schaue Asal an. Der grinst und nimmt breitbeinig neben dem Feuer Platz.
»Du bist früh zurück, Dim«, sagt Temar. »Hast du

gesehen, ob die Weidenbäume bei der Schwarzinsel schon im Wasser stehen?«
»Ja«, berichte ich, »bis zur halben Höhe.«
»Dann läuft die Flut nicht mehr viel weiter auf«, sagt Temar, »und nach dem nächsten Mond können die Büffel wieder selbst ihr Futter suchen.« Sie öffnet den Buttersack, greift in die Molke und holt den Butterklumpen heraus.
Asal reicht ihr eine Schale. »In der Nacht fahren die Männer zum Korbinselsee, es ist die Zeit zum Netzfischen«, sagt er. »Kann ich Dim mitnehmen? Ich brauche jemand für den Feuertopf und die Fackeln, allein komme ich schlecht zurecht.«
»Wenn Dim will, soll er ruhig mitfahren«, erwidert Temar. »Zwei Hände mehr können nicht schaden. Es wird Zeit, daß wir Fische salzen und trocknen.«
Ich bin zum Umfallen müde. Aber noch lieber als schlafen will ich mit zu Asal ins Boot. »Leg dich noch etwas hin«, schlägt er mir vor. »Ich wecke dich, wenn es losgeht. Du warst sicher schon beim Netzfischen dabei und kennst dich aus, oder?«
»Ja«, sage ich, »aber das Netz habe ich noch nicht gestellt, nur das Feuer gehalten.«
»Dann lernst du es diesmal mit dem Netz. Also ab mit dir«, sagt Asal. Ich stolpere zu Akungas Schlafplatz und schlafe fest, bis Asal mich weckt.

Wir fischen in dieser und den folgenden drei Nächten. Zwanzig und mehr Boote liegen auf dem dunklen, vom

Mond und flackernden Feuerschein erhellten See und treiben die Fische zusammen. Ich lerne mit dem Stellnetz zu arbeiten. Schwer beladen bringen wir jeden Morgen unsere Boote heim, Herings- und Barbenfische, Welse und Stör. Das ganze Dorf riecht nach Fisch, und wir arbeiten uns müde daran: ausnehmen, spalten und waschen, auffädeln, bündeln und zum Trocknen im Schatten aufhängen, einsalzen und den Räucherfisch unters Dach bringen, Ölfische einlegen, in Essig haltbar machen. Ich bekomme den Mund nicht mehr zu vor Gähnen, meine Hände arbeiten wie von selbst. Temar bereitet Fischkäse aus Rogen. Die Eingeweide werfen wir vors Haus, wo sich Hunde und unzählige Möwen darum streiten.

Ja, ich bin froh, daß ich am vierten Tag fort kann, um Akunga abzuholen. Diesmal bin ich allein im Boot, denn sogar Lugin muß bei der Arbeit bleiben. Mit dem ersten Tageslicht bin ich unterwegs, denn ich will bald wieder zurück sein. Asal schläft noch, und Temar drückt mir einen frischen Brotfladen in die Hand. »Denk daran, daß wir heute noch Futter brauchen«, erinnert sie mich. »Wenn ihr mit dem Geschirr zurück seid und ausgeladen habt, fährst du am besten gleich wieder los.« Ich nicke und gähne.

Temar lacht. »So ist das eben im Frühjahr, es gibt keinen Augenblick zum Verschnaufen. Bei euch im Dorf ist das sicher nicht anders.«

Ich stoße ab, bewege mich warm mit dem Staken. Als ich an der Federinsel bin, geht die Sonne auf und

überschüttet mich mit rotem Licht, und ich fühle mich wohl. Ich beeile mich, denn ich freue mich darauf, Akunga wiederzusehen.
Sie steht am Ufer. »Kleiner Bruder-Mann«, ruft sie, »du bist früh. Hat Temar dich nicht ausschlafen lassen?«
»Ich bin von selbst aufgewacht«, sage ich. »Es ist so viel zu tun, da hatte ich's eilig.«
»Schade«, neckt sie mich, »und ich dachte, du bist wegen mir so früh.«
Sibar kommt und setzt die ersten Tonsachen am Ufer ab. »Schön, dich zu sehen«, grüßt sie, kommt ans Boot und küßt mich auf beide Backen. Ich schaue zu Akunga, die schnieft und ein so witziges Gesicht macht, daß ich lache. »Du«, schreit sie, »Sibar, merkst du was? Der Junge stinkt! Nach Fisch, Lake und Essig!«
»Pah«, mache ich, »geh doch aus dem Wind, wenn du mich nicht riechen kannst.«
Sibar schubst mich, daß ich ins Wasser plumpse. »Schwimm«, ruft sie, »bis du um die Insel bist, haben wir die Sachen im Boot.«
Ich tauche weg, liege im freien Wasser auf dem Rücken und lasse mich in den roten Sonnenwellen treiben. Schlangenhalsvögel stehen am Ufer und pfeilen nach Fischen. Als ich wieder beim Boot auftauche, laden die beiden Frauen gerade das letzte Tongeschirr ein.
»Du kommst gerade recht«, sagt Akunga, »halt das Boot fest, ich steige ein.« Dann klettere ich vorsichtig über den Bootsrand, während Sibar auf der Gegenseite ausgleicht. Die Töpfe klirren aneinander und schep-

pern. Das Muttermädchen stößt unser Boot ab, wir winken zurück und suchen uns Durchlaß unter den hängenden Zweigen.
Wir stechen unsere Paddel ein und wechseln längere Zeit kein Wort. Ich sehe Akungas Arme vor mir, den bloßen Rücken, die Wirbel, die sich bewegen. Sie hat heute ihr Haar zu zwei dicken Zöpfen geflochten, die ihr nach vorn über die Brüste fallen. Ich pfeife ein Bootslied zwischen den Zähnen, weil ich nicht weiß, was ich reden soll. Mir ist nicht klar, wie Akunga mich sieht, was sie von mir denkt. ›Schade‹, hat sie gesagt. ›ich dachte, du bist wegen mir so früh.‹ Hatte sie sich wirklich auf mich gefreut? War das ernst gemeint?
Akunga zieht plötzlich ihr Paddel heraus, dreht sich um und sagt: »Fast hätte ich was vergessen. Mach die Augen zu, Dim, und halt die Hand auf!«
Ich fühle etwas rund und hart zwischen meinen Fingern.
»Das ist für dich, kleiner Bruder-Mann, schau, ob es dir gefällt.«
Es ist die Keramikkette mit den bunten Perlen. »Die soll ich haben?« frage ich ungläubig, »du schenkst sie mir, einfach so?«
»Soll ich etwa keine Frau sein, die ihren Mann kleidet?« Akunga streift mir die Schnur über den Kopf. »Ja, sie paßt zu dir«, sagt sie und küßt mich.
Wir nehmen unsere Paddel, das Boot gleitet weiter, unsere Bewegungen stimmen zusammen. Als würden wir uns schon lange kennen, denke ich auf einmal und bin glücklich. »Du«, sage ich über ihre Schulter, »du bist

lieb zu mir. So etwas Schönes hat mir noch niemand geschenkt.«

»Ich muß dir etwas sagen«, ruft Akunga zurück. »Ich habe Wasser über den Nabelstein gespritzt. Heute nacht habe ich um ein Kind geträumt. Es ist zu mir gekommen und hat gesagt: Du bist meine Ma. O Dim, es war ein unglaubliches Gefühl.«

Es wird mir heiß unter der Kopfhaut, und ich bringe nur ein paar undeutliche Laute heraus.

»Sprich lauter, kleiner Bruder-Mann«, ruft Akunga, »ich verstehe nicht, was du sagst. Freust du dich denn nicht?«

»Doch«, sage ich. »Neulich, als ich dich herbrachte, stellte ich mir vor, wie schön es sein wird, wenn Enank dich später einmal mit einem Kind hier abholt.«

Akunga schaut sich mit einem Ruck nach mir um. »Daran hast du gedacht? Du schwindelst nicht?«

»Nein«, sage ich, »warum sollte ich denn?«

»Ja, weißt du«, sagt sie, »als mir von dem Kind träumte, stand plötzlich Enank vor mir. Ich habe Sibar von meinem Traum erzählt, und sie hat das Orakel der Mutterfrau befragt, und die hat es bestätigt. Dein Bruder wird mich öffnen, daß mein Kind anwächst bei mir.«

»Oh«, sage ich, »das ist gut! Du hast Enank gesehen und er ist zurückgekommen zu uns?«

»Nein, ich habe ihn im Lehmland gefunden«, sagt Akunga, »und er war unter lauter fremden Leuten, aber ich erkannte ihn gleich. Ich rief nach ihm, ich schrie ganz laut: Enank! Enank! Aber er sah mich nicht, da bin ich zu ihm gerannt.«

Was für ein Traum, denke ich und blicke zur Seite ins Schilfdickicht neben unserem Wasserpfad.

»Du mußt nicht traurig sein, Dim«, tröstet mich Akunga. »Es soll für uns drei zusammen unser Kind sein, kleiner Bruder-Mann. Ich sehe schon, wie du mit ihm auf der Matte krabbelst!«

Jetzt freue ich mich wirklich. Und es wäre nun der richtige Augenblick, denke ich, Akunga endlich zu fragen, warum Enank sie verlassen hat. Ich druckse erst ein bißchen herum und frage dann einfach gerade heraus: »Warum ist Enank eigentlich fort? Hast du dich nicht mit ihm vertragen? Warst du häßlich zu ihm?«

»Nicht daß ich wüßte«, antwortet Akunga, und unser Paddelschlag gerät außer Takt. Ich merke, daß sie verärgert ist, aber ich versuche weiter zu fragen. »Du tust manchmal so kratzig«, sage ich, »nur so zum Spaß, aber Enank verträgt das vielleicht nicht, wenn du ihn verulkst. Er ist sehr stolz.«

Akunga erwidert heftig: »Mit ihm rede ich nicht wie mit dir. Er ist dein Bruder, aber er ist anders als du!«

»Aber er kann doch nicht einfach so weggegangen sein, wegen nichts«, sage ich.

»Doch«, behauptet sie, »einfach so, wenn ich's dir sage. Ein Handelsschiff von den Rundköpfen hatte Rohrmatten im Dorf geladen, sie brauchten jemand für die Schiffsarbeit, und da ist Enank mit. Natürlich dachten wir, er kommt ein paar Tage später zurück, mit einem

Boot oder mit sonst einem Schiff aus Kullab. Aber dein Bruder ist weggeblieben.«

Ich verstehe jetzt gar nichts mehr. »Was macht er denn im Lehmland bei den Leuten?« frage ich. »Hast du was darüber gehört?«

Akunga lacht böse und sieht mich an. Eine enge Falte steht zwischen ihren Brauen. »Jemand will gesehen haben, daß er Schnüre für die Rundköpfe spannt«, berichtet sie. »Er muß bei ihren Leinenrockmännern so etwas wie ein Diener sein.«

»Nein«, widerspreche ich, »da kennst du meinen Bruder nicht. Ich sage dir doch, er ist stolz. Mein Bruder würde sich nie vor jemand bücken.«

Akunga hebt die Schultern und faßt nach ihrem Paddel. Wir fahren weiter. Wind ist aufgekommen, stöhnt im trockenen Rohr und wirbelt winzige gelbe Schilfteilchen empor. In meinem Inneren ist ein Durcheinander von Gedanken und Gefühlen. Ja, ich glaube Akunga. Aber was ist dann mit Enank los?

Als wir in der Nähe vom Dorf beim Wasserbuschknie sind, erkennen wir zwei große Kullab-Schiffe. Ich stehe auf, um mehr zu sehen. »Komm, wir beeilen uns«, sage ich. »Vielleicht ist ja Enank mitgekommen!«

Wir paddeln, daß die Tropfen fliegen. Akunga zeigt auf die Schiffe, die gleich bei unserem Hauswasser ankern. Auf einem erkenne ich die Zeichen der Großen Mutter. Viele Männer stehen an den Bordwänden. Sie haben Speere mit glänzenden, scharfen Kupferspitzen dabei. Was soll das alles bedeuten?

Das ganze Dorf guckt, die Leute sitzen in den Booten oder stehen dicht gedrängt an ihren Uferzäunen. Wir staken zwischen ihnen hindurch zu unserem Haus. Temar und Asal nicken uns flüchtig zu und starren weiter auf die Schiffe, Lugin hat den Mund auf und popelt in der Nase. Wir legen behutsam an, wegen des Tongeschirrs müssen wir vorsichtig sein. »Komm, hilf uns«, rufe ich Asal. Er reicht uns die Hand und deutet mit dem Kopf. »Das mußt du gesehen haben!« sagt er halblaut.
Ich verstehe nicht gleich, was er meint, und muß zweimal hinsehen, bis ich begreife. Auf dem vorderen Schiff, hinter seinem Segelbaum, erhebt sich ein Schiffshaus mit flachem Dach. Oben darauf, zwischen betriebsamen, weiß berockten Männern, verharrt reglos eine überlebensgroße Gestalt. Es ist die Figur einer Frau, blau gekleidet, um ihren Hals, an ihrem Kleid und in ihren Haaren glitzert Schmuck.
Das muß eins von den Götterbildern aus Kullab sein, von denen Sibar neulich sprach. Aber was sollen die Zeichen unserer Mutterfrau von Ambar, ihre beiden Schilfringknoten, auf dem Schiff? Götter haben bei uns nichts verloren, hier im Wasserland wohnt die vielgesichtige Mutter, die kein Aussehen, keine Gestalt hat, die sich festhalten läßt. Nein, ich kann mir nicht vorstellen, daß die Mutterfrau vom Fischhaus unter den Inseln die Schiffe, die blaue Frau auf dem Dach zu sich eingeladen hätte.
Jemand von den Rundköpfen in den weißen Röcken

wäscht der Figur die Zehen und wechselt ihr das Knotentuch zwischen den Schenkeln. Die blaue Götterfrau bewegt ihr Gesicht nicht. Ein anderer Leinenrockträger trocknet unter ihr auf.
»Was tun die denn, die Männer?« fragt Lugin laut.
»Pscht«, macht Temar, »wir wissen es auch nicht.«
Der nächste Weißrock schwingt ein dampfendes Gefäß. Süßlicher, durchdringender Geruch weht in unsere Nasen. Die Männer auf dem zweiten Schiff stellen ihre Speere zusammen und verschränken die Hände vor der Brust. Enank, meinen Bruder, kann ich nirgends entdecken. Eine Pauke dröhnt, die Leinenrockträger auf dem Dach verbeugen sich, drücken die Nasen platt und erheben ihre Hände. Zwischen ihnen taucht eine Frau auf. Auch sie hat ein prächtiges Gewandtuch um, ist mit Fußspangen, Armbändern, Kettchen und Ohrringen behangen und trägt einen mit Blumen bekränzten gehörnten Kopfschmuck. Sie schiebt ihre Unterlippe vor, hebt die Brauen, und dann hallt ihre Stimme übers Wasser: »Die Gottherrin Innin ist aus Kullab zu euch gekommen«, ruft sie. »Die Schwester der Großen Mutter von Ambar segnet ihre Kinder im Wasserland. Die Gattin des Gottherrn An ist sehr mächtig, hier steht sie unter euch in ihrem Bild.«
Mir ist am ganzen Körper unbehaglich, ich fröstele und kann doch meine Augen nicht abwenden. Die Frau neben dem Rundbild hebt die Arme zum Himmel und steigert ihre Stimme. »Hört die Priesterin der großen Göttin«, verkündet sie, »ich bin ihr Mund und offenbare

euch Innins Wort. Dies ist ihre Weisung, so hat sie gesagt: Laß die Schilfleute mein Haus miterbauen, gib ihnen Anteil an meiner Ehre, erscheint vor mir in Kullab, häuft Opfergaben auf, küßt die Schwelle des Gottherrn, seine heiligen Türen!«
Die Priesterin läßt die Arme sinken und gibt den Weißröcken ein Zeichen. Die nehmen das Rundbild feierlich auf und lassen es vom Dach. Die Augen der Göttin blicken mich für einen Wimpernschlag an, ehe sie zwischen den Armen ihrer Diener im Schiffshaus verschwindet.
Die Waffenleute nehmen ihre Lanzen wieder auf. Sie sehen furchterregend aus in ihren engen Lederwesten und den kupferbesetzten Gurten und Schurzen. Einer von ihnen geht in den Schiffsbug, stützt sich auf seine Lanze, wirft einen Blick in die Runde und ruft mit tiefer Stimme: »He, ihr da in euren Booten und drüben ihr Leute bei den Mückenhäusern, ihr habt die Göttin gehört. Ihr Wunsch ist Befehl. Kullabs Götter fordern einen Beitrag von euch für ihr hohes Haus. Freut euch darüber und beeilt euch. Tragt Schilfmatten zusammen, Schlachtfleisch von euren Büffeln für die Ziegelarbeiter am Bau, Körbe, Stricke und Seile. Die Göttin duldet keinen Verzug. Morgen kehrt sie mit den Schiffen wieder, dann laden wir auf. Damit die Sache in Ordnung geht, lasse ich euch ein paar von meinen Lanzenträgern hier. Die wissen Bescheid, an sie könnt ihr euch wenden, wenn noch etwas unklar ist.«
Drei Ledernacken steigen ins nächstbeste Boot, die

Schiffsleute heben die Steinanker, stellen sich in die Ruder.
Träge kommen die Schiffe los, kriechen durchs Hausinseldorf tiefer ins Wasserland hinein. Hunde jaulen, die Frauen und Männer beobachten schweigend, wie die Segelbäume hinter dem Schilf verschwinden.
Dann schreit und spricht alles durcheinander, eine Frau ruft gellend ihr Kind, die Leute schütteln Fäuste gegen die Lanzenträger und bedrohen sie mit Fischspeeren. Einen Augenblick sieht es aus, als ende der Morgen in Blut. Die Ledernacken kämpfen um das Boot, werfen eine Frau über Bord und ducken sich unter ihren Lanzen.
»Hört auf!« ruft Temar. »So hat das keinen Sinn. Wir müssen uns bereden. Kommt ins Haus!«
Die Leute halten ein und drehen ihre Boote auf unser Haus zu. Bald darauf ist es bis in den Kälberpferch voll von Menschen. Ich bin auf das Schilfregal geklettert und sehe, daß sich keiner von den Bewaffneten hereingetraut hat. Akunga sitzt unter mir, Asal redet hitzig auf sie ein, Kinder balgen sich, es ist ein einziges Gedränge und so laut, daß einem die Ohren sausen. Erst nach und nach wird es still.
»Wir hätten uns mit den Lehmleuten nie einlassen sollen«, ruft eine Frau erregt. »Erst kamen ihre Händler, dann sind Männer von uns mit ihnen fort, und jetzt geht es an unsere Büffel.«
Die Leute stimmen murmelnd zu. »Wir fahren zur schwarzen Insel und beraten uns bei der Großen Mut-

ter, die wird uns weiterhelfen«, schlägt eine Frau neben Temar vor.
»Nein, dazu ist jetzt keine Zeit«, widerspricht Temar. »Draußen sind die Lanzenträger, morgen kommen die Rundköpfe mit den Schiffen zurück. Ischin, was meinst du?«
»Ich bin eine alte Frau«, antwortet die, »aber ich weiß noch, wie es früher war. Damals lag Lehmland für uns am Ende der Welt, ihre Leute waren wenige, wir waren viele. Jetzt ist es anders. Sie schicken Schiffe, groß wie unsere Hausinseln, und bedrohen uns. Ihre Waffen sind aus Kupfer, unsere aus Knochen und Stein. Wie können wir uns wehren?«
Ischin hustet und schließt die Augen. Eine ganze Zeit sagt keiner ein Wort. Ischin hat recht, jeder weiß es, wir können nichts machen.
Eine junge Frau in meiner Nähe meldet sich. »Schilfmatten und was der Speermann vom Schiff sonst noch verlangt, das haben wir alles, Fische, Körbe und Stricke. Wir können ihnen davon lassen, das Mutterland hat Überfluß an allem, was wir brauchen. Aber die Büffel sind unser Leben.«
»Wir losen, welchen Pferch es trifft«, schlägt Temar vor. »Die Große Mutter soll bestimmen. Die anderen ersetzen es den Geschädigten mit Milch, Kälbern und Arbeit.«
Nacheinander stimmen die Frauen zu. »Ischin soll die Lose ziehen«, wird verlangt.
»Gut«, bestätigt Temar, »also werden wir Tonsteinchen

zeichnen, für jede Familie eins. Wir fragen die Bewaffneten, wieviel Büffel sie fordern, und Ischin nimmt die Lose in die Hand.«

Die Männer, Kinder und die meisten Frauen verlassen das Haus. Asal und ich entladen das Boot und bringen das Geschirr im Regal unter.

Asal drängt. »Wir müssen Futter schneiden«, sagt er, »im Pferch ist es unruhig.«

Wir nehmen unsere Sicheln und staken los. Aus einem Inselhaus am Dorfrand dringen streitende Stimmen, beim Boot am Uferzaun steht einer von den Ledernakken und betrachtet uns mißmutig.

»Laß uns bloß sehen, daß wir bald zurück sind«, sagt Asal und macht ein düsteres Gesicht. »Der Tag ist noch nicht zu Ende, wer weiß, was heute noch losgeht. Wenn's nach mir ginge, bekämen die Lehmköpfe jeder einen Fischspeer in den Bauch und ab ins Wasser. Oder meinst du, das wäre heute das letztemal, daß sie uns auspressen? Du wirst sehen, unsere Büffel sind erst der Anfang. Am Ende schleppen sie noch die Menschen selber weg.«

Ich antworte nichts. Ich mag nicht daran denken, daß mein eigener Bruder unter diesen gemeinen Leuten lebt.

Futterboote kehren beladen ins Dorf zurück. Die Männer sind schweigsam und ernst, drückende Luft hängt zwischen den Häusern. Auf unserem Inselplatz stapeln sich mannshoch Matten, Körbe mit Räucherfisch stehen herum, Boote kommen und stoßen wieder ab, die Leute

entladen mit mürrischen Gesichtern, und Asal und ich finden kaum Zeit, einen Bissen zu essen.
Am Nachmittag werden die Lose gezogen. Asal muß auch eins von unseren Tieren aus dem Pferch ziehen.
»Elfmal hat Gida getragen«, klagt Temar. »Wir haben sie bekommen, als Akunga kleiner war als Lugin jetzt ist. Jedes Jahr gibt sie noch gute Milch.« Sie schaut weg und geht in die Hütte, als Asals Steinmesser Gida mit einem Schnitt den Hals durchreißt. Das Blut strömt über die glitschige Erde und bildet im Wasser rote, schmutzige Schlieren.
Niemand im Haus findet an diesem Abend richtig Schlaf. Ich spanne mit Lugin Fingerschnurfiguren. »Kannst du's erkennen?« frage ich sie. »Ein Kind ist das, ein Mädchen mit krummen Beinen. Hier unten, das sind die Beine, eins links, das andere rechts, beide sind krumm und schief. Jetzt kommt die nächste Figur, es passiert nämlich eine dumme Sache«, erzähle ich weiter, »das Kind hat seine Augen verloren. Da ist sein leeres Gesicht.«
»Ich habe ganz gerade Beine«, zeigt Lugin und streckt sich lang aus.
»Paß auf«, sage ich, »jetzt bist du dran, Lugin, du mußt abnehmen. Diese Schlinge auf den Nebenfinger vom kleinen, die andere gegenüber, ja, jetzt die Daumen, deine Zeigefinger durch die Unterschnur, so, jetzt ich hier hinein, und herumgedreht – was siehst du?«
»Oh«, sagt Lugin, »die Augen! Das Kind hat sie wieder.«

»Tatsächlich«, lache ich, »guck, und es freut sich so, daß davon sogar die Beine gerade werden, bitte, da sind sie, schön wie deine!«
Wir drücken uns und lachen, und zum erstenmal wird mir wohler nach diesem Tag. Ich denke daran, daß Akunga ein Kind haben wird, wenn Enank zurück ist. Ich drehe mich um, und unsere Augen begegnen sich, als Akunga vom Wollzupfen aufsieht. Ich bin froh, daß sie wieder da ist. Im Haus, an der Schlafwand war es leer ohne sie.
Lugin hat die Fingerschnur genommen und zeigt mir die Figuren von Harpune und Schmetterling, sie kann sogar schon die Taube. Ich erzähle von dem Mädchen, das verrückt nach Honig war, und von dem Mann mit dem doppelten Schatten.
Ich gehe nach draußen und erleichtere mich. Der Himmel ist mit Wolken beschattet, von den umliegenden Hausinseln fallen zitternde Lichtstreifen ins Wasser, scharfe Luft geht. Mich friert, und ich setze mich im Haus nah ans Feuer und reibe mit einem Stein den Schaft von meinem Fischspeer glatt. Temar macht Gerstenbier heiß, und ich trinke so hastig, daß mir das Saugrohr die Lippen verbrennt. Plötzlich hören wir Schreie, wütendes Hundegebell, Gebrüll. Ich fahre zusammen und bin mit Temar zugleich an der Türmatte und draußen. Hinter uns ist Akunga.
Am Dorfrand steht eine Hausinsel in Flammen. »Geh in den Büffelpferch«, ruft Temar Lugin zu, die sich zwischen uns drängt. »Akunga, nimm sie und schau nach

den Tieren. Asal, du kommst mit Dim ins Boot. Wo sind die Staken, die Ledereimer?«
Asal rennt zurück, ich schreie: »Da fängt schon das nächste Haus Feuer! Schnell!«
Mit einem Satz ist Asal im Boot. Ich springe am Bug in den Staken und lege mein ganzes Gewicht hinein. Asal stakt auf der anderen Seite, Temar macht sich schmal zwischen uns. Von allen Hausinseln kommen Leute gestürzt, springen in die Rohrboote. Wir stoßen bei der Brandstelle an den Uferzaun, ich laufe zum Pferch. Asal ist neben mir. Die Hitze verschlägt mir den Atem. Die Büffel brechen mit angstvollem Grunzen durch den Uferzaun, eine Kuh geht in die Knie, die anderen trampeln über sie weg ins Wasser. Asal versucht sie hochzureißen. Ich bemerke im Qualm zwischen den Hauswänden den Schatten von einem Büffelkalb, pumpe mich voll Luft und renne durch den Rauchvorhang. Flammen schlagen mir ins Gesicht, ich heule vor Schmerz, bekomme das Tier um den Hals zu fassen, ducke mich unter seine Flanke und zerre es ins Freie. Im letzten Augenblick scheut es, reißt sich los und bockt zurück. Ich kann nicht mehr, mein Atem ist weg. Ich rette mich nach draußen und springe ins Wasser. Unter einem Büffelkopf tauche ich wieder auf, ziehe mich auf den breiten Rücken und schnaufe. Meine Augen brennen. Ich sehe ein letztes Mal den Schatten von dem kleinen Kälbchen im Feuerschein, dann sackt prasselnd das Dach darüber.
Inzwischen brennen schon drei Häuser. Ich stehe in

einer Wasserkette und reiche Eimer zu. Die Leute werfen ihre Habseligkeiten in die Boote, Handmühlensteine, Körbe mit Tuch, Messer, Sicheln, Seile, Webgewichte und Netzbeschwerer. Ich versuche unsere Insel zu sehen, aber der Rauch versperrt mir die Sicht. Ich helfe im dritten Haus. Sein Dach steht bereits in hellen Flammen und hebt ab. Glühende Teilchen regnen herunter. Ich stemme mit einer Frau einen großen Webrahmen aus dem Lehm, und wir schleppen ihn hinaus.

Vier Häuser sind niedergebrannt, bis alles vorbei ist. Kein Funke glüht mehr, die Nacht ist wieder schwarz und kalt, der abnehmende Mond noch nicht aufgegangen. Ich kann Temar und Asal nicht finden und schwimme zu unserer Insel. Auf dem Wasser treiben Schilfteilchen, Büffelmist, zwischen meinen Fingern verfängt sich der Flügel einer verendeten Fledermaus. Bei unserer Herdstelle sitzen Leute aus dem ersten Haus, das Feuer fing. Alles riecht nach saurem Rauch, im Hauspferch stehen Büffel aus der Nachbarschaft.

Ein Mann mit rauchgeröteten Augen beginnt zu berichten: »Die Ledernacken hatten am Feuerplatz bei den Kälbern gelegen, voll mit Bier. Mit einemmal sprang einer auf und heulte los. Er hielt sich die Stirn und schrie: ›Das verdammte Kalb, es hat mir voll ins Gesicht getreten!‹ Ich holte Wasser zum Kühlen. Aber der Lederkerl suchte Streit. Er ging auf mich los, zeterte und brüllte Worte, die ich nicht verstand. Ich wand ihm sein Messer aus der Hand. Da waren die anderen zwei

über mir. Das Rohrregal riß um, kippte ins Herdfeuer und stand sofort in Flammen. Dann brannte auch schon das ganze Haus.«
Asal steht im Eingang und erkundigt sich laut: »Wo sind die drei Lehmköpfe geblieben?«
Keiner weiß es. »Süße Mutter«, stöhnt der Mann mit den rauchroten Augen, »wenn ich einen von denen erwische, dem hau ich das Messer in den Nacken.«
»Komm, los«, ruft Asal, »wir suchen das Dorf ab. Da, nimm den Fischspeer, der Schaft ist neu.«
Wir hören die beiden draußen am Boot. Sie rufen die anderen Männer aus dem Dorf herbei.
»Wenn sie die Lederleute aufspüren«, sagt Temar tonlos, »ist das für uns alle das Ende. Morgen kommen ihre Schiffe.«
»Dann sollten wir besser fliehen, Ma«, sagt Akunga. »Wasserland ist groß, und wir kennen Wasserpfade, von denen die Lehmleute nichts wissen.«
»Und unsere Büffel?« fragt eine Frau dagegen. »Du weißt, wie lange eine Kuh braucht, wenn du sie nur bis ins nächste Dorf bringst. Du kannst die Tiere nicht hetzen. Sie müssen fressen und grasen, sonst fallen sie von einen auf den anderen Tag von den Knochen.«
Sie hat recht, aber ich stimme doch Akunga zu. Ja, wir sollten fliehen. Wir würden neue Büffel finden, es gibt sie immer noch wild in den Schilfgefilden. Lieber alles verlieren als das Leben, denke ich und fühle in meinem Magen einen kalten Knoten.
»Und wenn wir uns morgen, wenn die Schiffe aufkreu-

zen, einfach draußen im Röhricht verstecken«? schlägt jemand vor.
»Wenn unsere Männer die Lederleute töten«, erwidert Temar, »dann werden wir das wohl müssen. Aber was werden die Schiffsleute machen, hier, mit dem leeren Dorf? Die plündern unsere Hausinseln, schlachten die Büffel und brennen die Häuser nieder. Was uns bleibt, sind dann nur noch unsere Boote.«
»Mehr brauchen wir auch nicht«, erklärt Akunga. »Ich finde, wir sollten jetzt sämtliche Frauen aus dem Dorf zusammenholen, damit wir uns schlüssig werden können, sobald die Männer zurück sind. Komm, Dim, wir sagen in den Häusern Bescheid.«
Asal hat unser Boot, und wir müssen schwimmen, bis wir für uns eins in der Nachbarschaft finden. Wir staken von Insel zu Insel, Akunga geht in die Häuser und sagt Bescheid. Überall kläffen die Hunde, Regen zischt ins Wasser. In einer halb verrotteten Hütte kniet eine Frau am Herdlicht. »Mein Mädchen ist verschwunden«, schluchzt sie. »Ich war mit löschen, und als ich wiederkam, war das Haus leer.«
»Komm mit, Nagan«, sagt Akunga, »wir helfen.«
Um unsere Insel liegen dicht gedrängt Boote, die Frauen vom ganzen Dorf sitzen im Haus. Sie nehmen die weinende Nagan zwischen sich. Die Frau macht sich los, geht umher und fragt nach ihrem Kind. »Sie ist doch noch so jung, deshalb habe ich sie im Haus gelassen«, sagt sie immer wieder. »Aber vielleicht hat sie Angst gehabt und hat gerufen und jemand hat sie mitgenom-

men. Hat keiner von euch sie in einem Boot gesehen?« Die Frauen schütteln den Kopf. Dann hören wir die Männerstimmen vom Wasser. Asal stolpert herein. Er trägt ein junges Mädchen im Arm, ihr Kopf pendelt im Nacken, die Augen sind starr. Die Frauen stehen auf, Nagan schreit.

»Wir haben sie im Pisanrohr gefunden, draußen beim Altfrauenwasser« berichtet einer der Männer. »Die drei haben ihr Gewalt angetan.«

»Aber sie lebt«, sagt Temar und legt das Mädchen auf eine Matte.

Die Männer blicken sich an und gehen zum Ausgang. »Wir haben sonst noch keine Spur«, sagt Asal und dreht sich noch einmal um. »Aber der Mond kommt jetzt hinter den Wolken hoch und wir kriegen mehr Licht. Die drei können nicht weit sein. Wir bekommen sie schon noch.«

Die Männer sind mit dem ersten Morgenlicht zurück. Asal kauert sich auf den Boden. »Es hat keinen Zweck«, erklärt er müde. »Sie sind weg und verschwunden. Wahrscheinlich ihren Schiffen entgegen.«

Bis vor die Türmatte drängen sich die übrigen Männer und warten. Temar sieht sich um. »Wir sind hier alle zusammen«, beginnt sie, »und wir müssen nun darüber reden, was werden soll. Wir Frauen haben nachgedacht und machen einen Vorschlag. Die Schiffe werden im Lauf des Tages eintreffen, und wir geben ihnen, was sie verlangen, notfalls noch mehr, wenn es die Schiffsleute fordern. Es ist Schlimmes genug geschehen, jetzt muß

ein Ende sein. Die Schiffe laden also auf und verschwinden, die Frage ist nur: was dann?«
Asal lacht bitter. »Sie werden wiederkommen und jedesmal mehr fordern. Das ist jedenfalls meine Meinung, und ihr habt sie gehört, auch wenn ein Mann im Rat der Frauen nichts zu sagen hat.«
»Das heute geht uns alle an«, sagt Temar ernst. »Sobald die Frühjahrsflut sinkt, so stellen wir uns vor, packen wir unsere Boote und treiben die Büffel tiefer ins Schilfland. Wir suchen uns irgendwo Platz für ein neues Dorf, weit weg von der Stadt. Asal hat recht, sie werden uns sonst immer weiter ausplündern, bis wir uns am Schluß noch selbst verkaufen müßten.«
Ich schaue zu Akunga hinüber, bemerke den Blick, mit dem sie mich prüfend anschaut, nachdenkt, überlegt. Ich kann ihren Ausdruck nicht deuten, aber ihre Augen machen mich unruhig.
Ischin, die am Herdfeuer ihre faltige Haut wärmt, spricht als nächste: »Wir müssen die Mutterfrau fragen«, erklärt sie. »Einige von uns sollen zur Schwarzinsel fahren und Rat von ihr holen. Ihr sagt, wir ziehen weit weg und bauen uns fernab ein Dorf. Aber wie können wir fort von ihrem Haus und dem Nabelstein? Wir müssen wissen, ob die Große Mutter mit uns kommen will. Ob sie uns im Wasserland einen anderen Stein zeigt, aus dem sie unseren Familien Kinder erwekken wird. Das müssen wir erfahren.«
Die Frauen nicken, und keiner der Männer widerspricht. Temar fragt: »Will noch jemand dazu etwas

sagen? Wenn nicht, dann soll es so sein, wir beraten uns bei der Mutter und sehen zu, wie sie entscheidet.«
Wie jeden Morgen steigen wir ins Boot und schneiden Futterschilf. Der Wind hat die Wolken vertrieben, die Sonne erhebt ihr Haupt und wirft ihre Hitze wie ein Schlagnetz über uns. Um die Tagesmitte treffen die Schiffe ein.
»Da sind die drei«, flüstert Asal böse. »Da drüben am Mast steht der eine mit der dicken Platzwunde am Auge. Bei den Tränen der Mutter, hätte das blöde Kalb nur fester zugetreten!«
Asal rührt keinen Finger, während wir anderen aufladen.
Die blaue Gottfrau bleibt diesmal drinnen in ihrem eckigen Schiffshaus, auch ihre Priesterin läßt sich nicht sehen. Die Schiffe waren bereits halb beladen angekommen, jetzt stapeln die Ledernacken sie mit unseren Sachen voll. Asal spuckt aus. »Sie haben im Nachbardorf schon aufgepackt«, sagt er. »Verdammt, die Leute von Ambar sollten sich zusammentun! Dann brauchten wir uns vor den Rundköpfen nicht zu verkriechen.«
»Wir werden die Mutterfrau auch danach fragen«, antwortet Temar ruhig. »Unser Schicksal liegt in ihrem Schoß. Wenn sie entscheidet, daß wir kämpfen sollen, wird die Mutter mit uns sein.«
Die Schiffe heben Anker, die riesigen Ruder bewegen sich wie Schildkrötenbeine. Das Hausschiff mit den Mutterzeichen folgt dem ersten im Kielwasser. Es ist zu keinem weiteren Zwischenfall mehr gekommen, aber

wir schauen den Rundköpfen mit stummen Verwünschungen nach. Asal deutet auf die beiden Schilfringknoten zwischen den Masten. »Ob das so klar ist«, sagt er, »daß die Mutterfrau auf unserer Seite ist? Vielleicht hat sie ja die Insel verlassen, ist nach Kullab gezogen und läßt sich dort ein Rundbild machen. Mit schönem Gewandtuch und allem Drum und Dran. Ich halte alles für möglich, wenn die Lehmköpfe schon anfangen, die Zeichen vom Wasserland auf ihre Schiffe zu setzen.«
Temar zieht scharf die Luft ein. »Sag das nicht nochmal«, warnt sie Asal. »Wie sollte eine Mutter ihre Kinder verlassen, eine Frau die Töchter und Söhne ihres Leibes? Die Leute von den Schiffen haben die Zeichen der Großen Mutter gestohlen, das ist alles.«
Temar redet laut, als ob sie zu einem Tauben spräche. Asal wirft den Kopf in den Nacken und tritt einen Schritt zurück. »Ich verehre die Mutter wie ihr«, sagt er bestimmt. »Aber habt nicht ihr Frauen damit angefangen, mit den Schiffen der Fremden zu handeln? Habt nicht ihr sie ins Wasserland gezogen? Und wenn Kullab sich jetzt weiter so breit macht, werden wir auch noch unsere Mutter verlieren.«
Temars Gesicht sieht jetzt alt und hart aus. »Auch das muß zur Sprache kommen, wenn wir uns bei der Mutter beraten. Ich bin dafür, daß wir uns so tief ins Schilfland zurückziehen, bis wir sicher sein können, Kullabs Händlern nicht mehr zu begegnen. Aber du weißt, was das heißt. Keinen Palmschnaps mehr und kein Bier.«
Asal lacht. »Ich bin dabei«, sagt er, »Traubenkirschen

und Schlehen wachsen überall. Und die geben auch einen guten Stoff.«

Vor dem Melken zieht mich Akunga beiseite. »Ich muß mit dir reden, allein«, erklärt sie leise. »Asal kann ohne dich melken. Wir nehmen das Boot, und du machst unterwegs Futter für morgen.«

Bei uns im Hausinseldorf sagen die Leute: ›Wände haben Ohren, nur das Boot ist taub.‹ Was hat mir Akunga so Geheimes zu sagen? Ich stake die Wasserpfade zwischen den Schilfbetten entlang.

»Gleich sind wir am Rötellehm«, sagt Akunga. »Aber du siehst ihn nicht, denn das Wasser steht zu hoch. Bevor du die Sichel nimmst, sollst du hören, was ich von dir will. Du weißt, daß die Frauen zur Mutter gehen werden, morgen oder am Tag darauf. Wir wissen nicht, wie ihre Entscheidung ausfallen wird, ob sie uns rät zu bleiben oder das Dorf aufzugeben. Aber ich werde auf jeden Fall losfahren und Enank zurückholen. Sofort, morgen schon.« Akunga spricht hastig, bricht dann plötzlich ab, drückt sich an mich und weint lautlos. »Ich warte so sehr auf ihn, und er kommt nicht«, schluchzt sie. »Ich suche ihn auf meiner Matte und finde ihn nicht, ich muß traurig sein, und mir hilft keine Freude. Warum ist er weg? Jetzt habe ich von meinem Kind geträumt, und der Mann ist nicht da, daß ich's ihm sage! Du kommst doch mit, kleiner Bruder-Mann, das tust du doch, oder? Du machst es mir zuliebe, bitte. Allein schaffe ich das nicht, und du wirst bei deinem Bruder für mich sprechen, versprichst du das?«

Akunga wischt sich die Nase und lächelt mir zu. Ich fühle schweigend mit ihr und wische ihr die Tränen von den Lidern. Akunga hebt ihr verschmiertes Gesicht und reibt meine Backe.

»Du«, sage ich, »wir beide holen ihn. Ich bin sein Bruder und dein Brudermann. Aber sollen wir nicht erst warten, was die Mutterfrau entscheidet? Warum willst du unbedingt morgen gleich los?«

»Ich habe mich neulich mit Sibar besprochen«, antwortet sie, »und Sibar denkt wie ich. Wenn Enank noch länger ausbleibt, kehrt er vielleicht nie zurück.« Sie preßt die Fäuste auf ihre Knie. »Wie kann er unter diesen Menschen nur leben. Sie tun Mädchen Gewalt an, plündern unsere Dörfer, schänden die Zeichen der Mutter. Kannst du mir erklären, was dein Bruder bei diesen Leuten tut?«

»Er hat mit all dem nichts zu tun«, verteidige ich Enank.

»Das weiß ich«, sagt sie, »um so eher müssen wir ihn da herausholen. Verstehst du nicht? Wenn wir erst tiefer im Wasserland wohnen, wird es noch schwieriger für uns sein.«

»Wann wollen wir morgen losfahren?« frage ich. »Wann wirst du es deiner Ma sagen?«

»Gleich, wenn wir zurück sind, sage ich es Temar«, antwortet Akunga, »und beim ersten Tageslicht setzen wir uns ins Boot. Auf, nimm die Sichel, ich helfe dir, Futter ins Boot zu tragen.« Im Haus legt Akunga Sachen für unsere Reise zusammen. Trockenfisch, einen Korb mit Gewandtuch für uns, Kupferreifen als

Tauschware, ich stelle einen Feuertopf dazu und lege Zündsteine hinein. Mein Fischspeer ist fertig, und Asal schenkt mir ein Steinklingenmesser mit schönem Griff aus Büffelhorn und buntgeschnürter Lederscheide. Ich stottere vor Verlegenheit, als ich ihm danke sagen will.
»Laß gut sein«, meint er, »wenn es dir nur Glück bringt.«
Akunga bespricht sich mit ihrer Ma, und Temar sagt: »Morgen fahre ich mit Ischin zur Mutterinsel. Lugin kann nebenan bei Katab bleiben. Asal hat genug damit zu tun, das Haus zu bewirtschaften.«
»Sag Sibar, daß ich mit Dim nach Kullab bin«, bestellt Akunga. »Das Muttermädchen soll bei der Mutter für mich sprechen.«
»Wie lange werdet ihr fort sein?« fragt Temar.
»Ich kenne nur die Richtung«, sagt Akunga und zuckt die Schultern. »Wahrscheinlich brauchen wir ein Mondviertel, bis wir wieder zurück sind. Was denkst du, Dim?«
Ich kann es nicht sagen. Kullab war bis jetzt für mich nur ein Wort, ein Ding, unwirklich weit weg hinterm Himmelsrand.
»Na, laßt euch nur Zeit«, meint Temar, »überstürzt nichts. Auf ein paar Tage mehr kommt es nicht an.«
»Und mit welchem Boot wollt ihr los?« erkundigt sich Asal. »Das Hausboot muß hierbleiben, das brauche ich zum Futtermachen.«
»Das ist klar«, sagt Akunga. »Ma, wenn du nebenan wegen Lugin fragst, kannst du sie um ihr kleines Boot

bitten? Es liegt sowieso nur hinten bei ihrem Haus und wird von Rohrmäusen aufgefressen.«

In der Nacht schlafe ich unruhig. Ich träume von Enank, sehe ihn vor mir, zum Berühren nah. Ich rufe, spreche ihn an: Enank, ich bin es doch, erkennst du mich nicht? Und auf einmal merke ich, daß es gar nicht mein Bruder ist. Die Bilder werden unscharf, ich höre die Frösche vom Wasser, schlage die Augen auf und sehe die wulstigen Hörner der Büffelkühe schwarz gegen die Sterne stehen. Akunga schläft platt auf dem Bauch. Ich habe kein gutes Gefühl mit unserer Fahrt. Als Akunga mich weckt, bin ich so müde, als wenn ich eben erst eingeschlafen wäre. Sie rüttelt mich an der Schulter: »Komm, wach auf, das Boot ist gepackt!«

Wir laufen mit der Strömung und kommen gut voran, obwohl unser Boot nicht viel hergibt und sich nur schwerfällig bewegt. Hin und wieder treiben abgerissene Äste, entwurzeltes Gestrüpp, kleine Inseln mit tiefhängenden Wurzeln vorbei. Das Flußdickicht spiegelt sich im braunen Wasser, Wollpappeln streuen weißen Federsamen darüber. Vereinzelt begegnen uns Futterboote zwischen den Schilfbetten. Wir grüßen zuerst, wenn uns ein Boot gegen den Strom entgegen kommt. In einem gewundenen Durchlaß zwischen Weiden, Akazien und Tamarisken stören wir einen Seeadler auf. Den Hals gereckt, stößt er mit gespreizten Krallen auf uns herab, daß wir die Luft in seinen Handschwingenfedern ratschen hören. Wir schützen uns mit den Paddeln.

»Bis hierhin kenne ich die Wassermarken«, ruft Akunga am späten Nachmittag. »Jetzt müssen wir uns in Abendrichtung halten, und wir sollten bald irgendwo bleiben, bis zu einem Herdfeuer schaffen wir es nicht mehr.« Sie weist auf die weißgelben Wetterwolken am Himmelssaum. »Hagelrauch«, sage ich. Wir legen an einer Böschung an und zerren das naßschwere Rohrboot bis zur Hälfte in den moorigen Binsengrund.

»Ich flechte einen Regenschutz«, erklärt Akunga, »guck du dich um, wo du Holz auftreibst.«

Ich kämpfe mich durch Minze, Weidenbüsche und Dornen, reiße Dürrholz aus einem Pappelbruch und schleppe zwei Armbündel zu der Wurzelkuhle, über die Akunga den Regenschutz spreizt. Triefender Wind fegt durch die Schilfrispen. Ich renne nach dem Feuertopf und unseren Körben. Bis ich unter dem Schutzdach bin, schauert schon weißer Eiskies durch die Luft.

»Es ist gut hier«, sagt Akunga zufrieden, »aber das Dach hält nicht dicht, es tropft schon.«

»Im Holz habe ich ein verlassenes Nest gesehen, so groß«, zeige ich, »das legen wir darüber.«

»Aber doch nicht in dem Hagel!« ruft Akunga mir nach. Doch ich bin schon zwischen den Sträuchern. Die scharfe Luft kommt in Böen, der Hagel fegt mir über die Haut und ist so eisig, daß es mir die Luft verschlägt. Ich finde durch das weiße Geprassel mühsam bis zu dem Nest, hebe es aus dem Astwerk und schwanke zurück.

»Paß auf da drinnen«, brülle ich, »jetzt stülpe ich das Nest darauf. Halten die Zweige?«

»Gleich kommt mir alles auf den Kopf«, höre ich Akunga.
»Ich bringe eine Stütze«, schreie ich zurück.
Als wir das Dach dicht haben, bin ich fast erfroren, meine Haut ist blau vor Kälte. Akunga kramt die Gewandtücher aus dem Korb und packt mich ein, während ich am Boden hocke und schnattere.
»Gleich mache ich Feuer«, sagt sie und küßt mich mit nassen Lippen, »dann wird es warm. Ich denke noch an den Hagelschlag vom letzten Jahr, das war auch um diese Zeit. Den vergesse ich nie. War es bei euch auch so schlimm?«
»Nein«, sage ich zähneklappernd, »ich kann mich jedenfalls nicht erinnern.«
»Stell dir vor, bei uns hat das Wetter Schwärme von Wasservögeln erschlagen, Enten, Gänse, wir hatten ganze Kesseltöpfe voll Fleisch. Und ein Mann ist beim Futtermachen vom Hagel getötet worden.«
So erzählen wir uns aus unseren Dörfern, während es draußen schüttet und drinnen das Feuer uns wärmt.
Es ist kuschelig in der Wurzelhöhle, wir packen unseren Essenskorb aus und schlafen satt ein. Aber am Morgen schmerzen uns alle Glieder. Hoher Wind geht, das Wasser wirft harte Wellen, und an Weiterfahrt ist nicht zu denken. Wir schwimmen, um uns zu bewegen, stechen Karpfen, schlafen wieder oder dösen vor uns hin. Nachmittags geht abermals feiner Hagel nieder.
»O du, ich glaube, meine Beine brechen mir ab«, sagt Akunga. »Auf, kleiner Bruder-Mann, knete mich.«

Ich tu es, Muskel für Muskel, wie wir es im Wasserland von klein auf lernen. Meine Finger streifen Akungas Kurzhaar, ich laufe rot an, und Akunga lacht. »Ich beiße nicht«, sagt sie. »Hast du noch nie ein Mädchen angefaßt? Komm, jetzt bist du dran.«
Ihre Hände mit den kleinen flachen Nägeln sind unglaublich fest und übergehen nicht den kleinsten Muskel. Es tut gut, aber ich kann mich nicht richtig entspannen. »Hör auf«, sage ich, »ich bin doch kein Tonklumpen.«
»Was verstehen Männer vom Tonwalken«, neckt mich Akunga und greift mir in die Bauchdecke, daß ich aufschreie. »So geht das«, sagt sie, »und noch fester!«
Mein Glied ist hart geworden. Ich hatte es nicht gemerkt, aber Akunga sieht es, zeigt auf die Wundnarbe und fragt: »Tut's dir noch weh?«
»Nein«, sage ich, »bloß jetzt spannt es.« Ich merke, daß ich schon wieder rot werde. Mädchen haben es einfacher, denke ich, die müssen sich nicht schämen. Sie brauchen nichts zu verstecken, denn sie sind wie unsere Mutterfrau. Aber Jungen und Männer sehen anders aus als die Mutter. Vielleicht liegt es daran, daß ich so verlegen bin, als Akunga mich anfaßt und sacht über die Narbe meiner Vorhaut streicht.
»Magst du das?« fragt sie, und ich nicke stumm. »Ich möchte gern mit dir schlafen, kleiner Bruder-Mann«, sagt sie, »aber ich warte auf Enank, daß er meinem Kind den Weg zu mir öffnet, verstehst du?« Akunga schaut mich an. Ich antworte mit den Augen. Mein Herz pocht,

daß ich kaum noch Luft kriege. Akunga ist lieb zu mir, ich rutsche mit dem Kopf an ihre Hüfte, presse mich gegen sie, mache die Augen fest zu und fühle, wie sie mich streichelt, bis ich nicht mehr kann, so schön ist es. Akunga hält mit ihren beiden Händen meinen Kopf an sich und drückt ihr Gesicht in mein Haar. Ich spüre ihren warmen Atem in meinem Nacken. Ganz fest hält sie mich, und ich schäme mich nicht vor ihr.

Als wir am nächsten Tag unser Boot ins Wasser bringen, schaut vom Westen her das rötliche Sternauge des Skorpions übers Wasserland. Das ist unsere Fahrtrichtung. Wir legen uns in die Paddel, daß uns warm wird. Ganz unvermittelt stockt Akunga. »Dim«, sagt sie halblaut, »sieh dir das an!«

Ich spähe über ihre Schulter und sehe auf dem Uferrükken zwei Warane, Landkrokodile, im ersten Graulicht des Tages miteinander ringen. Ihre Umrisse heben sich groß und schwarz vom blassen Himmel ab. Aufrecht, gestützt auf ihre schweren Schwänze, halten sich die beiden Schuppentiere umklammert. Unser Boot treibt auf sie zu. Wir hören die Tiere gereizt fauchen, einer versucht den anderen umzuwerfen. Der Kampf geht unentschieden hin und her. Wir gucken atemlos zu. Aber auf einmal mag ich nicht länger hinsehen. Sie kämpfen verbissen, und es ist nicht richtig, fühle ich, daß wir ihnen zuschauen. »Akunga«, bitte ich, »laß uns weiterfahren.«

»Sieh doch«, sagt sie, »der eine kann nicht mehr, er gibt auf.«

Das hintere Echsentier stürzt, fällt zur Seite, seine Krallentatzen rutschen vom Panzer des Gegners ab. Der steht zischend, den Hals gebläht, über ihm. Geduckt schleicht der Besiegte den Abhang hinab und läßt sich platt ins Wasser fallen.
»Los, weg«, flüstere ich, »er taucht in unsere Richtung. Ich habe so ein Tatzentier gesehen, das ein kleines Büffelkalb verschlungen hat.«
»Aber ich habe noch nie gehört, daß sie ein Boot angreifen«, entgegnet Akunga. »Schau mal, dort drüben taucht sein Kopf übers Wasser. Es waren zwei Männchen, sie kämpfen um ein Weibchen. Der auf dem Erdbuckel hat sie gewonnen. Nur einer gewinnt, der Sieger kriegt sie. Würdest du dich mit Enank um mich streiten?«
Ich steche mein Paddel ein und antworte gereizt: »Ich streite mich nicht mit meinem Bruder.«
»Nie?« ruft Akunga. »Bist du ganz sicher, daß das stimmt?«
»Ganz sicher«, erkläre ich, »jedenfalls nicht ernsthaft. Möchtest du etwa, daß ich Enank umschmeiße oder er mich?«
Akunga dreht sich nach mir um und lacht. »Mach doch kein so böses Gesicht«, sagt sie, »es war doch nur ein Spaß. Nein, ich möchte nicht, daß ihr euch feind seid, ich will nämlich euch beide.«
Es ist inzwischen heller Tag geworden. Der Augenstern des Skorpions ist erloschen, die Sternenschar unter dem Himmelsrand verschwunden. Hinter uns erhebt

die Sonne ihr Haupt. Wir halten auf den blassen, gehörnten Mond zu, bis er vormittags am westlichen Himmel untertaucht. Dickicht begleitet uns, aus dem süß die Akazien duften, weit in der Ferne bemerken wir winzige Rauchfahnen über den Schilfrispen.

»Du«, sage ich, »die Leute von Kullab müssen andere Wege kennen, die ins Wasserland führen. Stell dir ihre Fahrzeuge mit den vielen Rudern vor! Hier zwischen den Rohrsumpfpfaden wäre kein Durchkommen für sie.«

»Stimmt«, sagt Akunga, »und mir tun bald die Arme weh. Überall diese Schlingpflanzen! Hoffentlich bekommen wir bald freies Wasser.«

Später am Tag erreichen wir einen See, dessen Rand mit vielen Schilfinseln bedeckt ist. Scharen von Wasservögeln streichen über uns weg und verschatten die Sonne. Dicht folgt ein Schwarm dem anderen, Enten, Kormorane, Bleßhühner streifen über das Wasser, daß die Gischt sprüht. Pelikane treiben sich Fische zu und schaufeln das Wasser mit ihren Kehlsackschnäbeln aus. Wir kreuzen Fischschwärme, die so dichtgedrängt stehen, daß die Fische übereinander zu liegen scheinen. Überreich versorgt die Große Mutter ihre Kinder, das Wasserland ist voll ihrer Güter, und dennoch leben die Menschen in Furcht voreinander. Ich frage mich, ob die Räuberschiffe aus Kullab auch schon das Dorf meiner Ma heimgesucht und unter seinen Bewohnern Angst und Schrecken verbreitet haben. Ich muß mit Enank zu ihr fahren, bald, nehme ich mir vor, damit wir erfahren,

was die Frauen dort auf den Hausinseln beschlossen haben.
Immer mehr weitet sich der See, von einem Himmelsrand zum andern reichen seine Wasser. Unser Boot treibt durch spitze grünblaue Wellen wie im leeren Raum, wir können keinen Uferrand mehr ausmachen.
»Ich komme mir ganz verloren vor«, sage ich zu Akunga, »keine einzige Schilfinsel, an der du dich mit den Augen festhalten kannst. Mir ist das unheimlich. Geht es dir auch so?«
Sie nickt und sagt: »Ich möchte nicht wissen, wie das ist, wenn du hier in einen Sturm gerätst. Mit unserem kleinen Boot wäre das für uns das Ende.«
Aber der Himmel bleibt klar, und als die Sonne ihre Höhe im Südpunkt erreicht, bekommen wir den gegenüberliegenden Ufersaum zu Gesicht. Wir kreuzen hin und her, um einen ausführenden Wasserpfad zu finden, und entdecken ihn hinter ein paar Schilfinseln, die langsam auseinandertreiben. Wir halten uns weiter gegen Westen, paddeln den ganzen Nachmittag und ruhen uns zwischendurch nur im Boot aus.
»Schau mal nach, ob noch Glut im Topf ist«, ruft Akunga gegen Abend. Ich bohre vorsichtig den Zeigefinger in die Asche und merke, daß noch Hitze darunter ist. »Ja«, sage ich, »unser Abendessen ist gerettet.«
»Bitte, rede nicht davon«, sagt sie, »sonst ist es gleich aus mit mir. Komm, ein Stück weiter schaffen wir noch. Du, guck mal, rechts, weit vor uns liegt ein dicker Schatten, was mag das sein?«

»Vielleicht Bäume«, rate ich, »einer neben dem anderen, das gibt zusammen so viel.«
»Das kann ich mir nicht vorstellen«, antwortet Akunga. »So viele Bäume auf einem Fleck, und so hoch und groß? Das gibt es im ganzen Schilfland nicht. Oder meinst du, wir kommen bereits ans Ufer vom Festland?«
Wir paddeln weiter, und allmählich wird uns klar, daß wir tatsächlich in der Nähe vom Lehmland sind. Der Schilfbewuchs wird niedriger, vereinzelt tauchen kahle, nur dürftig mit Binsen bestandene Lehmbänke auf. Wir legen an, Akunga macht mit trockenen Schilfkolben Feuer, und ich speere Fische für uns.
Das Feuer brennt heiß und rauchlos. Es tut gut, die Beine von sich zu strecken. Die Fische garen in der Asche. Wir essen und fühlen uns wohl.

Ich wache auf, als die Sonne kupferglührot über dem Wasser aufgeht. Ein Geräusch dringt durch die Luft. Ich rüttele mit dem kleinen Finger im Ohrgang und lausche mit schräggeneigtem Kopf, um die Richtung auszumachen. Da ist es wieder, ein merkwürdiges Geräusch.
Akunga gähnt laut, zwinkert und reibt sich die Augen. »Es ist schon hell«, stellt sie verwundert fest.
»Hörst du denn nichts?« frage ich ungeduldig und springe auf. Jetzt ist auch Akunga hellwach. Sie lauscht, sieht mich an, meint: »Es müssen Martu-Tiere sein, Schafe oder Ziegen.«
»Schafe?« frage ich gedehnt. »Bist du sicher?«

»Ja«, antwortet sie, »ich habe mal eines gehört, auf einem Handelsschiff, es war ein Wollschaf. Seine Stimme klang genauso.«
»Los«, sage ich, »das schauen wir uns an.«
Wir krabbeln die Böschung hinauf und halten durch eine flache Senke auf eine Bodenwelle zu. Über den Grasbüscheln erscheinen kurze Köpfe mit hängenden Ohren, untersetzte Tiere, bis unter den Bauch gekräuselt mit brauner Haarwolle. Wir bleiben stehen. Die Tiere laufen blökend in unsere Richtung.
Da taucht ein Junge über der Kuppe auf. Er rennt. Hinter ihm hören wir laute Stimmen. Der Junge schreit vor Angst, hebt seine Hände. Ein Mann mit einer Steinhacke setzt hinter ihm her. »Verfluchte Wollzupfer«, brüllt er, »mit euren Viechern unsere Wasserdämme eintrampeln, unsere Felder zertreten ...«
Er bekommt den Jungen am Arm zu fassen, reißt ihn zu Boden und schwingt die Hacke. Der Junge schluchzt: »Tu's nicht, tu's nicht, Onkelchen!« Der Bauer schlägt zu, die Hacke treibt in den Schädel.
Unwillkürlich habe ich zusammen mit dem Jungen die Arme hochgerissen. »Mann, was hast du da getan?« rufe ich voll Entsetzen. »Das Blut von deinem Bruder, es schreit von der Erde!«
Der Bauer steht einen Augenblick wie betäubt, dann stiert er in unsere Richtung, steckt die Finger in den Mund und pfeift. Hinter ihm erscheinen zwei andere Männer. Der erste zeigt auf uns, und dann kommen sie zu dritt heran.

»Los, schnell weg, Dim«, drängt Akunga, »die bringen uns um.«
Wir hetzen zur Böschung, Akunga stolpert in einem Erdloch, und da sind sie schon um uns und umkreisen uns lauernd.
Akunga erhebt sich langsam. »Packt euch«, schreit sie mit hoher Stimme. »Was wollt ihr von uns?«
Der Hackenmann geht auf mich los. Ich werfe mich zur Seite, das schwere Blatt saust an mir vorbei und beißt in den Lehm. Wir wälzen uns auf der Erde, er sticht mit den Daumen nach meinen Augen, meine Stimme kippt über vor Wut. Ich bekomme einen Finger von ihm zu fassen, breche ihn gegen das Gelenk und trete dem Mann gleichzeitig mit voller Wucht in den Unterbauch. Er stößt einen durchdringenden Schrei aus und krümmt sich wimmernd.
Ich fahre herum und renne zu Akunga, die sich wild gegen die beiden Männer wehrt. Der eine hat sie am Hals, der andere reißt sie an ihren Armen. Ich schnelle mit einem Ruck zwischen sie, prelle gegen den vordersten, bekomme ihn an den Schläfenhaaren zu fassen und stoße ihn um. Vor meinen Augen flimmert es, ich kriege seinen Arm zwischen die Hände, wuchte ihn über meine Schulter, stemme mich dagegen und drehe ihn mit einem Ruck herum. Der Mann sackt zusammen, sein Arm liegt in einer merkwürdig abgewinkelten Stellung verrenkt über seinem Gesicht.
Da prasseln plötzlich Reiter heran. Ich kann mich nicht rühren vor Schreck, werde umgerissen, spüre einen

scharfen Huftritt gegen meine Hüfte, und dann kniet einer der Reiter auf mir. Er zerrt mich hoch, und durch meine Hüfte jagt fürchterlicher Schmerz. Der Mann brüllt mich an, schlägt auf mich ein, fragt mich. Ich verstehe nichts. Er schleift mich zu dem erschlagenen Jungen, zeigt auf ihn, auf mich. Ich kann nicht mehr und knicke um, stürze neben den Jungen mit dem zerspaltenen Schädel. Ich weine.
Dann ist Akunga neben mir. Von weit weg höre ich ihre Stimme, sie spricht rasch, drängend, die Männer fallen ihr ins Wort, rufen dazwischen. Erst nach einer Weile merke ich, daß sie uns mit dem toten Jungen alleingelassen haben. Akunga steht reglos und sieht den Reitern nach, die hinter den beiden Bauern hergaloppieren.
»Akunga«, rufe ich schwach.
Sie bückt sich zu mir, ihr Gesicht ist schweißbedeckt und zittert vor Schmerz.
»Bitte«, flüstere ich, »schau nach meiner Hüfte, ich komme nicht hoch. Bist du verletzt?«
»Nein«, antwortet sie heiser. Ich nehme Würgemale an ihrem Hals wahr. Als sie meine Hüfte abfühlt und mein Bein bewegt, schreie ich auf. »Es war ein Tritt von einem ihrer Reittiere«, ächze ich.
»Onager, Steppenesel«, sagt Akunga. »Komm jetzt, leg den Arm um mich, wir müssen es bis zu unserem Boot schaffen.«
Wir lassen den toten Martujungen liegen. Seine Leute werden sich um ihn kümmern. Ich hüpfe auf einem Bein, so gut ich kann. Ein Bauersmann liegt leblos

zwischen den graszupfenden Schafen. »Mit dem war ich die Böschung heruntergerollt«, sagt Akunga. »Und ich hätte ihn auch umgebracht, aber dann sind die Martus dazwischengekommen.«

Immer wieder muß ich stehenbleiben, bis ich endlich die Böschung geschafft habe, und beim Einsteigen droht das Boot wegzukippen, so schwerfällig bin ich mit meinem Bein. Ich kann auch nicht sitzen. Akunga bettet mich der Länge nach ins Boot, stopft mir ein Tuch in den Nacken, nimmt den Fischspeer und stakt das Boot vom Ufer weg.

Ich liege und starre in den Himmel. »Verstehst du das«, frage ich, »wie der Mann das tun konnte? ›Tu's nicht‹, schrie der Junge, ich höre es immer noch, und der Mann hat trotzdem zugeschlagen. Fürchten die Leute vom Lehmland nicht die Seelenkindermutter, daß sie zürnt, wenn der Atemhauch eines Menschen unversöhnt zu den Schatten geht? Jetzt irrt seine Seele umher, klagt, daß sie den Weg zur Mutter nicht findet. Nein, Akunga, die Leute hier achten die Mutterfrau nicht, sie haben kein menschliches Gefühl. Einfach draufhauen und töten, wer würde das in Ambar tun? Ich wollte, wir wären nie in dieses Land gekommen.«

»Das sage ich mir jetzt auch«, antwortet Akunga. »Sollen wir umkehren? Noch können wir.«

»Aber Enank ist hier«, erwidere ich.

Wir können uns nicht entscheiden, müssen aber ohnehin abwarten, was mit meinem Bein wird. Frischen Büffelmist haben wir nicht, sonst wäre mir schnell geholfen. Aber Akunga legt schwarzen Schilfmodder auf die wehe Hüfte, der kühlt wenigstens und nimmt dem Schmerz die Schärfe. Im Akaziengebüsch hat Akunga einen Versteckplatz gefunden, sie hat trockene Schilfspreu zum Brennen bekommen. Ich liege auf meiner gesunden Seite und schließe die Augen. Wir reden nicht viel, aber ich weiß, wir sehen die gleichen Bilder vor uns.

Akunga erzählt mir, wie sie die Martus überzeugen konnte, daß nicht wir den Jungen erschlagen hatten. Daß es die Bauern waren, die mit den Wanderhirten in ständiger Feindschaft leben. »Unser Boot war für sie der Beweis«, berichtet Akunga, »daß wir aus Ambar, dem Wasserland, sind. Und Martus haben gegen die Leute aus dem Wasserland nichts. Wir durchziehen das Schilfland, sie das Lehmland und die Steppe. Wie soll Feindschaft zwischen uns und ihnen sein? Deswegen haben sie uns dann gehen lassen.«

Die äußere Schwellung an der Hüfte geht im Lauf der nächsten zwei Tage rasch zurück. Aber innen im Bein, ausstrahlend vom Gelenk, bleibt ein ständiger Schmerz. Doch ich kann wieder lachen, und die Fische, die Akunga fängt, schmecken mir. Ich übe aufzutreten und merke, wie das Bein seine Kraft allmählich zurückbekommt. Auch unser Mut kehrt zurück.

»Wenn ich erst wieder sitzen kann, klettern wir ins Boot und sehen, daß wir nach Kullab, zu Enank kommen«, sage ich.

»Wenn du kannst«, gibt Akunga zur Antwort.

»Ich werde eben mit einem Hinkebein meinen Bruder suchen gehen«, sage ich zuversichtlich. »Wir drei fahren zurück ins Wasserland, und alles wird wieder gut. Wir finden einen neuen Platz für unser Hausinseldorf, Enank und ich befestigen eine Insel, binden Rundbogen und flechten Matten für unser Haus. Du wirst Kinder haben. Wie viele, Akunga?« Ich sehe die blauen Fingermale an ihrem Hals und schlucke.
Akunga lacht. »Bist du so sicher, daß die Mutterfrau uns einen neuen Stein mit Kinderträumen zeigen wird?«
»Ganz sicher«, antworte ich ihr. Ich rede mich über unsere Ängste weg, male uns beiden aus, wie das Leben im neuen Dorf aussehen wird: »Unsere Büffel haben Milch, geben Butter und Käse, der Mond zählt für uns Tage und Jahre, wir singen Spaßlieder, lachen und feiern Feste. Niemals, hörst du, werden wir unser Hausinseldorf wieder verlassen. Es geht uns gut, wir haben alles, was wir brauchen, und den Lehmköpfen drehen wir eine lange Nase.«
»O Dim«, Akunga zwinkert unter Tränen, »jetzt ist mir klar, warum Lugin dir ständig Geschichten abbettelt. Ich sehe es schon kommen, daß sich die Leute abends unter unserem Dach drängeln, und du rufst sie an den Feuerplatz und sagst: ›Heute erzähle ich euch eine neue Geschichte, wollt ihr sie hören?‹«
»Wie ich dich kenne«, wehre ich ab, »wirst du dazwischenkommen und fragen, ob auch die Büffel schon ihr Futter haben.«
»Mein kleiner Bruder-Mann«, murmelt Akunga, »ich

mag dich sehr. Hoffentlich wirst du nie so erwachsen wie die anderen Leute, die ohne Lachen sind.«

In der ersten Morgenfrühe, noch bevor der Vogelmund Wasser aufgenommen hat, brechen wir auf. Der letzte Teil unserer Fahrt hat begonnen. Libellen treiben flußab. Die Sonne erhebt sich, kommt in Hitze und hämmert auf uns ein. Das Wasserland geht über in Lehm. Wir halten unser Boot auf einen braungrauen Schatten zu, der in der Ferne aufgetaucht ist und allmählich immer größere Ausmaße annimmt.

Wasserland ist Flachland. Es gibt ein paar vereinzelte Trockeninseln, die zehn oder auch zwanzig Fuß über der Wasserlinie ansteigen, aber größere Erhebungen kennen wir nicht. Selbst die Wollpappeln an den Flußschleifen und die Tamarisken, Akazien und Weiden des Uferdickichts wachsen nicht hoch, nur selten überragen sie die Dächer unserer Schilfhäuser. Von der Höhe einer Trockeninsel aus gesehen bietet sich Ambar dem Blick als endlose grüne, wasserdurchzogene Fläche dar, die der Himmelssaum rundum mit einem scharfen Schnitt begrenzt. Was aber ist dann dieses merkwürdige Gebilde, das da vorn, weitab vor uns, den Himmelsrand teilt?

Wir stoßen jetzt auf geradeführende Wasserwege. Hinter den Dämmen sehen wir tieferliegende Feldstücke. Männer mit Frauen und Kindern arbeiten mit Schwinghacken im Lehm, Bäume stehen in schnurgeraden Reihen ausgerichtet.

An einem Wasserdamm legen wir an, halten das Boot

gegen die Strömung und betrachten das fremdartige Land. Ganz in unserer Nähe gehen zwei Ochsen, die ein kleiner Junge führt. Die Tiere ziehen einen schweren Holzstachel mit zwei Griffen hinter sich her. Zwischen ihnen, die Hände aufgestützt, stapft vornübergebeugt ein Mann. Seine Armmuskeln spannen, im Nacken steht ihm Schweiß. Der Mann stößt den Stachel in die Haut der Erde und schreit laut auf die Zugtiere ein. Hinter ihm reißt das feuchte Land in einer tiefen Furche auf. Plötzlich hebt er den Kopf, sieht uns und scheucht uns davon. »Macht euch da oben vom Damm fort!« brüllt er. Wir stoßen erschrocken ab und paddeln schleunigst weiter.

Vereinzelte Gruppen von Schilfhäusern ducken sich an den Wasserwegen. Dahinter steht Vieh in den Pferchen, Kühe, Rinder und Schafe. Auf den Dammwegen begleiten uns bellend Hunde, Kinder schauen uns schweigend nach. Der schwarze Kanten am Himmelssaum streckt sich uns immer höher entgegen.

»Akunga«, frage ich, »weißt du, was das soll? Der Klotz, der da hinten auf uns zukommt?«

»Nein«, antwortet sie, »ich kann auch nichts damit anfangen. Komm, wir fragen drüben den Arbeiter mit dem Schöpfbalken.«

Der Mann hört uns, bevor wir in Rufweite sind. Er wendet sich um, und wir blicken in leere Augenhöhlen, sehen, daß seine Fußknöchel in einen Holzblock gespannt sind. Akungas Mund zuckt, wir steuern unser Boot wortlos an ihm vorbei.

Wir unterscheiden jetzt oben an dem schwarzen Umriß viele dünne Streben, dazwischen bewegen sich winzige Punkte über den Himmelsrand.
Die Stadt im Lehmland, Kullab, da ist sie! Als wir ihre Wasserwege erreichen, ist die Sonne nicht mehr weit vom Untergang entfernt. Sie strahlt den Turm von unten her gelbrot an. Der Wasserlauf führt uns dicht an dem Bauwerk vorbei, wir tauchen in seinen Schatten und sind so nah, daß wir die Gestalten der Arbeiter erkennen können. Obgleich sich bereits die ersten Sterne zeigen, wird immer noch gearbeitet.
Großschiffe drängen sich an den Ufern, ein Luftsackfloß hat Segeltuch gesetzt und treibt im Flug an uns vorbei. Ich sehe das alles, nehme aber nichts richtig wahr. Mir ist schwindelig, die vielen Leute, das Gedränge in den Wasserstraßen, die flachen Lehmhäuser flößen mir Angst ein, und ich frage mich besorgt, wie wir Enank hier finden sollen.
»Schau, Dim, die Schilfhäuser da drüben«, flüstert Akunga hinter mir, »sie sind genauso gebaut wie bei uns auf den Inseln. Da legen wir an, es wird dämmerig.«
Wir steuern in einen seitlichen Wasserweg hinein, der von den Lehmhäusern Kullabs wegführt. Akunga hilft mir an Land, sie nimmt unsere Sachen und läßt mir den leichten Tuchkorb. Ich folge hinkend, während sie auf die runden Dächer zugeht. Ja, die sehen aus wie bei uns, und doch wirken sie fremd. Sie stehen beisammen, das Wasser dazwischen fehlt, die Leute gehen zu Fuß von einer Tür zur nächsten. Und alles riecht anders, nicht

nach Büffelkühen und Fischen, sondern nach Zwiebeln, Knoblauch und besonders nach Bier. Jemand stößt eine Schilftür auf, ein sehniger, muskelbepackter Mann ruft uns: »He, ihr beiden, kommt ihr vom Wasserland?« Er winkt, und seine Stimme klingt freundlich.

»Ja«, antwortet Akunga und bleibt stehen. »Aber ich kenne dich nicht. Wie kommst du darauf, daß wir aus Ambar sind?«

Der Mann lacht. »Ich heiße Dodil«, sagt er, »und bin auch aus dem Schilfland. Und daß ihr Ambarleute seid, sieht jeder. In der Stadt gehen die Leute zum Beispiel nicht mit bloßer Haut wie ihr, Frauen schon gar nicht.«

Akunga drückt unsere Sachen an sich. »Sind noch mehr Leute aus Ambar hier?« fragt sie.

Dodil weist in die Runde. »Das sind unsere Häuser«, erklärt er. »Und wohin wollt ihr?«

»Wir suchen jemand, der zu uns gehört«, antwortet Akunga, »meinen Mann.«

»Vielleicht sitzt er bei denen dort«, sagt Dodil und deutet mit dem Kopf auf eine größere Hütte. Er geht voran, stößt die Türe auf und ruft in den Raum: »Leute, Besuch aus Ambar!«

Wir drücken uns durch die Tür. Fettlämpchen glosen, fünf, sechs Frauen und mehrere Männer hocken auf dem Lehmboden. Ich brauche eine Weile, bis sich meine Augen an das schummrige Licht gewöhnen. Akunga mustert die Leute, nennt ihren Namen und sagt: »Ich suche Enank. Ich sehe, er ist nicht hier. Kennt ihr ihn?«

Einer der Männer erhebt sich, schlurft an einen Bottich und schöpft Bier. »Enank kenne ich«, sagt er, »aber hier findest du den bestimmt nicht.« Er stößt seinen Nachbarn an: »War dieser Enank nicht heute früh beim Netzrock, dem Priesterfürst, mit auf dem Schiff?«
»Kann sein«, antwortet der unbeteiligt.
»Irgendwo bei den Leinenrockträgern wird er stecken«, sagt ein anderer, »die müßt ihr fragen. Wo er wohnt, wissen wir nicht. Wir sind einfache Leute, Schilfflechter. Wir machen Matten für den Du-ku.«
»Wer ist der Du-ku?« erkundigt sich Akunga.
Die Leute lachen. »Wer ist der Du-ku, fragt sie!« ruft einer und prustet.
»Nun gebt mal Ruhe«, verlangt Dodil. »Die Frau und der Junge kommen fremd aus Ambar, wie können sie den Namen kennen? Du-ku«, erklärt er Akunga, »das ist der Turm, der heilige Hügel, wie die Stadtleute ihn nennen, Kullabs Himmelsberg. Den könnt ihr wohl nicht übersehen haben, man sieht ihn jetzt schon eine halbe Tagesreise rund um die Stadt. Und wenn das Ding erst mal seine richtige Höhe hat, werden die Leute von allen vier Weltecken mit der Nase darauf stoßen. Den Mann Enank, den du suchst, kenne ich vom Sehen. Der gehört zu den Vermessern und hat am Du-ku die Meßschnüre in der Hand. Am ehesten triffst du ihn am Bau.«
»Es ist dunkel, wo können wir bleiben?« erkundigt sich Akunga nach einer Weile. »Wo ist das Frauenhaus?«
Es wird unvermittelt still zwischen den Rohrwänden.

Dodil zieht Akunga in den Raum und rückt ihr ein Schilfbündel zum Sitzen hin. Ich bleibe bei der Tür stehen, froh, daß ich mein Bein gerade halten kann.
»Ein Platz für die Nacht läßt sich auftreiben«, sagt Dodil. »Aber ein Frauenhaus wie im Wasserland, das gibt es hier nicht.«
Ich begreife nicht, schaue die Männer an, die Frauen, die sich um sie drücken, mit ihnen schmusen. Sie haben kein Frauenhaus? Aber wohin gehen die Frauen denn dann, wenn der Mond ihr Blut zieht oder wenn sie um ein Kind träumen wollen? Und sie müssen doch auch in Kullab einen Gebärplatz haben!
»Kullab ist nicht Wasserland«, erklärt Dodil. »Wir sind hier Männer unter Männern, so ist das. Die hier«, er greift einer jungen Frau ans Knie, »die zählen nicht. Vergiß das Frauenhaus, ihr könnt bei mir unterkriechen, für eine Nacht oder auch zwei. Aber wenn ihr am Flechtplatz Arbeit sucht, müßt ihr euch selbst ein Dach überm Kopf besorgen.«
»Aber wie geht das«, traue ich mich zu fragen, »wenn ihr zu beraten, euch zu besprechen habt? Ich meine, ohne Frauen, wie könnt ihr da entscheiden, etwas beschließen?«
Der Mann neben mir bricht in Gelächter aus. »Ich mußte mich auch umstellen, als ich zuerst in die Stadt kam«, sagt er, »aber das geht schnell. Daheim im Wasserland leben die Männer verstreut unter den Frauen, in Kullab ist es umgekehrt, da haben die Männer das Sagen. Es geht also auch anders, und sogar

gut. Im übrigen, zu beraten gibt es nichts weiter. Unsere Befehle kommen von oben. Wir kriegen guten Lohn für unsern Schweiß, haben reichlich Zwiebeln und Bier, jeder seine tägliche Ration. Die Leinenrockträger haben das im Griff. Sie lenken jede Arbeit im Land, und wir leben gut dabei. Deshalb sind wir ja auch hier.«
Ich drücke mich an den Männern vorbei und kauere mich zu Akungas Knien. Das Sitzen tut gemein weh, aber ich muß mich bei ihr anlehnen, sonst halte ich das hier nicht aus.
Die Leute beachten uns nicht weiter. Sie saugen an ihrem Bier, spielen mit ihren Frauen. Plappern, Händeklatschen erfüllt den Raum. »Los«, sagt einer, der Pahar heißt, und schiebt die Frau von seinem Schoß, »auf, tanz uns was vor, es ist ja nichts los hier, und der Abend fängt gerade erst an!» Die Frau steht auf, ihr Haarknoten baumelt am Rücken, sie bückt sich und flüstert kichernd einer anderen etwas zu, und dann beginnen beide zu tanzen. Ihre Fußspangen klirren, die Männer schlagen auf den Schenkeln den Takt dazu. Wir sitzen unbeteiligt dazwischen. Später zeigt uns Dodil unseren Schlafplatz. Wir legen uns neben aufgerollten Flechtmatten nieder und denken an Enank, an den kommenden Tag.

»Eure Sachen könnt ihr hinter meiner Tür lassen«, sagt Dodil am nächsten Morgen. Wir dürfen die Hände mit in seine Schüssel tauchen, seine Frau Zanini reicht uns Brot. »Ihr habt ein Boot?« erkundigt sich Dodil. »Laßt es am Wasser liegen, da unten ist es sicher und hier braucht ihr es nicht. Ihr kommt zu Fuß in die Stadt über den Steg am oberen Versorgungskanal.« Er schaut zu Akunga hinüber, die sich heute ein Gewandtuch übergezogen hat. Es ist mit einem dreifarbigen Muster durchwebt, rot, grün und schwarz. »Guck dir das an, Zanini«, sagt er, »das ist Tuch, wie es die Frauen in Ambar machen. Solche Farben findest du hier nicht. Wenn ich mal wieder ins Wasserland komme, bringe ich dir so ein Tuch mit.«

Zanini hat lustige Fältchen um die Augen, wenn sie lächelt. »Ich weiß nicht, ob ich das anziehen kann«, meint sie, »es sieht irgendwie seltsam aus.«

Akunga legt ihr die Hand auf den Arm und fragt: »Bist du auch bei den Mattenflechtern?«

»Nein«, antwortet Dodil für sie, »das ist keine Arbeit für eine Frau. Guck dir das an!« Er streckt uns über den Topf die Arme entgegen, seine Hände sind krumm, die Finger knotig. »Wir arbeiten nach Stückzahl«, erklärt er. »Mir ist es lieber, Zanini vermietet sich in der Stadt, da bekommt sie leichtere Arbeit, Wassertragen, Fische putzen, wie es eben kommt. Ihr beide könnt mit ihr gehen, sie muß gleich los. Bei Sonnenaufgang muß sie am Markt sein, wo die Gerichtsbänke stehen. Gleich in der Nähe ist das Haus-des-Wissens, da sind die Leinenrockmänner. Die könnt ihr nach dem Mann Enank fragen.«

»Ich bin schon spät«, drängt Zanini. »Kommt ihr?»

»Also, dann seht, ob ihr den Mann trefft«, verabschiedet uns Dodil. »Und wenn nicht, dann kommt ihr zum

Flechtplatz. Zwiebeln und eine Wand zum Schlafen könnt ihr bei mir haben, solange ihr noch ohne Bleibe seid.«

Zanini läuft uns mit klirrenden Knöchelringen voraus und dreht sich hier und da nach uns um. »Dort drüben«, sagt sie, »das sind die Haarhäuser der Martus. Sie arbeiten im Lehm und streichen Ziegel gegen Lohn, seht mal, da kommt so einer. Alle haben sie diese Knäultücher um den Kopf gewickelt. Mit denen laßt ihr euch besser nicht ein, es sind Fremdarbeiter. Wir gehen jetzt über die Brücke vom Versorgungskanal, hinten in dem hohen Haus wohnt der Mann mit dem Netzrock. Ur-Mach heißt er, der En von Kullab, unser Priesterfürst. Neben ihm hat die Priesterin der Gottherrin ihr Haus. Gleich kommen wir am Vorratshaus vorbei, es liegt am Leuteweg. Und das hier ist der En-Kanal, wir gehen über seine mittlere Brücke, folgen der Breiten Straße, die auch Weg-der-Götter heißt. Sie stößt auf den Platz an den Wassertrögen, und hier sind wir am Markt mit den Gerichtsbänken. Drüben der große Bau, das ist das Haus-des-Wissens, von dem Dodil sprach.«

Zanini läßt uns an den Wassertrögen stehen und rennt atemlos weiter. Wir sehen uns an und platzen beide auf einmal heraus. »Hast du schon jemand so schnell reden gehört?« lacht Akunga, »das schafft nicht mal Katab bei uns nebenan!«

Die Morgensonne streckt unsere Schatten über den von vielen Füßen ausgehöhlten Platz. Gestern war die ganze Stadt voll Menschen. Wo sind die alle geblieben? Dann

fällt mir ein, daß es hier keine Büffel zu versorgen gibt. Die Stadtleute, nehme ich an, werden noch schlafen.
Wir halten auf das Haus-des-Wissens zu, das uns Zanini gezeigt hat, und plötzlich haben wir es doch aus den Augen verloren. Ich weiß nicht, was wir verkehrt machen, aber wir laufen kreuz und quer, stoßen überall auf Ecken, auf neue Gassen und Häuser, die wohl viermal so hoch sind wie wir. Wir finden uns einfach nicht zurecht. Dieser Turm, der Du-ku, hilft uns auch nicht, denn er sieht von überall her gleich aus. Wir renken uns die Hälse aus und beobachten die Leute auf der Baustelle unter dem Himmelsrand. Die Arbeit ist bereits im vollen Gang, Balken schwenken, ziehen Matten und Lasten hoch, und auf den Gerüsten, Aufgängen und zwischen den Mauern wimmeln Menschen.
»Komm«, sage ich, »wir suchen nicht länger nach diesem Haus. Vielleicht treffen wir Enank ja am Turm. Laß uns hier in die Richtung gehen.«
Wir finden eine Straße, die offenbar geradewegs auf den Turm zuführt. Akunga betrachtet naserümpfend die Hausfronten. »Ich möchte in so einem eckigen Ding nicht leben«, sagt sie. Wasser schüttet aus einem Fensterloch, Fischreste, zerbrochenes Geschirr und Unrat aller Art häufen sich auf dem Weg. Es riecht nach Urin. Weiter weg in der Gasse säubern Frauen mit großen Besen den Wegdurchlaß. »Ich glaube fast«, sagt Akunga, »in den hohen Lehmhäusern wohnen die Menschen übereinander, darum haben sie bis unters Dach Fensterlöcher.«

Der Bauplatz von Kullabs Du-ku ist voller Lehmstaub. Eine Wolke von Erdpech- und Schweißgeruch hüllt die Reihen der Arbeiter ein, die an den Stapelhaufen Ziegel aufladen und unter Zurufen der Aufseher ihre Tragkörbe über die Rampen des Turms zu der Baustelle an seiner Spitze schleppen. Bretter und Flechtmatten liegen herum, Erdpechkessel dampfen, Verschläge mit Arbeitsgerät stehen im Baugelände verteilt. Überall sind Handwerker beschäftigt, Wasserträger mit baumelnden Gefäßen am Jochholz bahnen sich einen Weg, jemand jagt fluchend einige halbwüchsige Jungen vom Platz, ständig bilden sich neue Gruppen von Leuten, die laut aufeinander einreden. Dieses Gewirr von hastenden Männern, der Lärm, wenn Ziegel knallen, Seile quietschen, Hunde kläffen, Füße trampeln, alles wie verrückt schreit und Befehle, Verwünschungen, Warnrufe brüllt, das alles ist für uns unfaßbar.
Wir bleiben nach ein paar Schritten stehen und trauen uns nicht weiter.
»Du«, schlage ich schließlich vor, »komm, wir besehen uns den Turm aus der Nähe.«
Wir halten uns aneinander fest und drängen durch die Menge, weichen Lastträgern aus, schlagen Bogen um die qualmenden Erdpechkessel und stehen dann unvermittelt vor dem hellen Kalksteinfundament, auf dem der Turm emporwächst. Mir wird schon vom Hinaufschauen taumelig, und ich begreife nicht, wie die zu winzigen Figuren geschrumpften Menschen da oben über die Gerüste rennen können, Körbe absetzen, in die

Seile greifen und Lasten aufwärts befördern. Völlig unverständlich ist mir, was die Rundköpfe mit diesem Ziegelberg zwischen ihren Häusern eigentlich vorhaben. Ich jedenfalls hätte Furcht, in Kullab zu wohnen, denn wenn ihr Du-ku einstürzt, würde er die halbe Stadt unter sich begraben. Irgendeinen Zweck muß der Turm aber doch haben, sage ich mir. Wollen die Leute von Kullab darin vielleicht vor Überschwemmungen Schutz suchen? Oder vor Feinden? Aber einen Eingang zum Du-ku kann ich nirgends entdecken. Es scheint auch keiner vorgesehen zu sein, denn die Aufgänge und Rampen laufen außen an der Steilseite des Bauwerks empor. Vielleicht hat also das Gebäude gar keine Innenräume, sondern ist vom Fundament an in einem Stück durchgemauert? Doch dann begreife ich die Sache erst recht nicht. Wie lange mögen sie daran bereits arbeiten, und wie viele Ziegel, Baumatten und Erdpech wird sich das Ding schon einverleibt haben? Dieser verrückte Aufwand muß doch zu etwas gut sein. Ich habe noch das Gelächter der Flechter in den Ohren, die sich über uns lustig machten, über eine unbedarfte Frau mit ihrem Jungen. Jetzt komme ich mir bald wirklich so vor, sehr dumm und immer kleiner, je länger ich in dieser Stadt und unter ihren Menschen bin, aus denen ich nicht klug werde.

Da stößt mich Akunga aufgeregt an. »Enank«, ruft sie, »hinten bei den Leuten, dort steht er!« Sie rennt los, aber ich sehe noch nicht, wo sie meinen Bruder in der Menge entdeckt hat. Ich hinke, so schnell ich kann,

hinterher und hebe ihr Gewandtuch auf, das sie beim Laufen verloren hat.
Dann steht auf einmal Enank vor mir. »Dim«, sagt er überrascht. Er drückt mich heftig, legt mir die Arme auf die Schultern und tritt einen halben Schritt zurück. »Kleiner Bruder-Freund, so gewachsen bist du!«
»Aber ich bin noch derselbe«, lache ich glücklich und reibe meinen Kopf an seiner Brust.
Enank packt mich, hebt mich in die Luft und läßt los. Mein Bein schmerzt, aber ich lache trotzdem. »Wie schwer du bist«, ruft Enank. »Kleiner Bruder, ein Mann ist in der Zwischenzeit aus dir geworden.«
»Oh, ihr beiden«, schreit Akunga, »laßt mich auch was abhaben!«
»Akunga, meine Frau«, sagt Enank, nimmt mir Akungas Gewandtuch vom Arm und legt es ihr um, »jetzt seid ihr auch nach Kullab gekommen!«
Ich bin stolz auf meinen Bruder, der so breitschultrig und aufrecht unter den Leuten dasteht. Ein Leinenrockmann mit einer Kette aus Karneolsteinen tippt ihm hastig auf die Schulter. Als Enank sich umdreht, zeigt der Mann auf den Du-ku und ruft unwirsche Worte. Mein Bruder nickt rasch und verbeugt sich hinter dem weitereilenden Weißrock.
»Das ist der Sanga-Priester«, flüstert er aufgeregt, »er ist der Verwalter, der Bauplaner vom Du-ku. Ich muß schnell nach oben auf die Baustelle. Die Ziegel sind irgendwo unterwegs liegengeblieben, sie kommen nicht bis zu den Maurern.«

Akunga stampft auf. »Hör mal, Dim und ich sind tagelang unterwegs gewesen, wir wollen mit dir reden!«
»Jetzt geht das aber nicht«, beteuert Enank unglücklich. »Ich habe es doch erklärt, irgendwas mit den Ziegeln läuft nicht richtig, und wenn das nicht gleich in Ordnung kommt, gerät oben die ganze Planung durcheinander.«
Akunga faßt Enank mit einer heftigen Bewegung am Arm, und wieder rutscht ihr das Gewandtuch von der bloßen Haut. Enank macht sich los und sagt ruhig: »Leg ihr das Tuch über, Dim, in Kullab geht so keine anständige Frau.« Dann geht er und winkt: »Bis später, ihr beiden. Kommt wenn die Schatten kurz werden, dann treffen wir uns hier.«
Betroffen schaue ich ihm nach. Akunga schlägt ihre Hände vors Gesicht und schluchzt. Sie ist aufgebracht, und ich kann sie nicht bewegen, bis zum Mittag zu bleiben, um auf Enank zu warten. Wir gehen quer durch die Stadt zurück.
Wenn ich in Ambar einen Wasserpfad einmal gestakt bin, kenne ich ihn beim nächstenmal auch im Dunkeln, aber zwischen Kullabs Gassen und verwinkelten Häusern werden mir die Augen müde. Erst nach vielen Umwegen finden wir zurück an die Brücke vom oberen Versorgungskanal, von wo aus wir die Schilfhäuser zu Gesicht bekommen. Auch der Flechtplatz ist nicht zu verfehlen. Wir entdecken ihn nicht weitab von den Häusern am Kanal. Riesenberge von geschlagenem Rohr lagern nebeneinander, genug, um Rundbögen, Dachmatten, Rohrwände und Sitzbündel für ein ganzes

Dorf daraus herzustellen. Ich sehe Dodil und seine Freunde unter den Männern. Sie alle arbeiten im gleichen Takt, in fliegender Hast, wie besessen von Eile. Der eine hülst das Rohr aus den trockenen Hüllblättern, sein Nachbar reißt und spaltet es auf, der nächste klopft die Hälfte mit dem Holzschlegel flach, ein anderer weicht die Streifen ein. Die übrigen sitzen zu dritt oder viert auf einer Matte, drei Streifen hochheben, drei liegenlassen und so weiter von rechts nach links durch den Verbund, und sofort der nächste Streifen. Die Enden der Längsseiten bindet Dodil zum Saum ab, rollt die Matten zusammen und greift bereits nach einer neuen. Akunga bleibt stehen, stützt ihre Hände in die Hüften und sieht zu. Die Männer blicken ohne einzuhalten flüchtig auf, keiner sagt ein Wort.
Süße Mutter, denke ich, und die kommen von uns daheim aus dem Wasserland! Aus den Inseldörfern, wo Mattenflechten die lustigste Beschäftigung ist. Da schwatzt dann alles durcheinander, Lieder und Scherze machen die Runde, und auch Essen und Trinken kommen dabei nicht zu kurz. Die Kinder betteln, daß sie mithelfen dürfen beim Verlegen und Verweben, und die Erwachsenen sind geduldig, wenn sie auf ein Kleines warten müssen, bis sie weitermachen können. Aber im Lehmland werden offenbar sämtliche Arbeiten im Laufschritt ausgeführt, atemlos und gehetzt, und auch unsere Leute auf dem Flechtplatz machen keine Ausnahme davon.
Unversehens sitzt Akunga mit in der Reihe, ihre Hände

fliegen, ihre Finger sind ebenso schnell und geschickt wie die der Männer. Ich würde auch mitmachen, aber ich schaue auf meinen Schatten, gucke nach dem Sonnenstand und denke an unseren Irrweg durch die Stadt und daß wir vielleicht wieder so lange brauchen werden, bis wir auf dem Bauplatz am Turm ankommen.
Ich bücke mich zu Akunga. »Du, wir wollten doch mittags bei Enank sein, da können wir nicht mehr lange bleiben.«
»Geh nur«, sagt sie, »du schaffst das schon allein. Ich bin lieber bei unseren Leuten.«
Ich stehe unentschlossen vor ihr. Da setzt sich Akunga mit einem Ruck auf, funkelt mich an und sagt: »Bestell deinem Bruder: Wenn er mich sehen will, dann kann er mich ja hier finden.«
Niedergeschlagen quäle ich mich allein durch die Stadt. Aus einem Haus duftet Pfannenbrot, riecht es nach Kümmel, Fisch und Bier. Ich muß etwas essen, und so gehe ich hinein, grüße und setze mich zu den Leuten auf die Sitzmatte. Ich bekomme reichlich vorgelegt und versuche zwischendurch mit meinem Nachbarn zu sprechen, aber der antwortet auf zehn Worte nur eins. Doch die Hausleute sind freundlich und füllen mir Becher und Schüssel auch noch ein zweitesmal. »Iß noch, junger Mann«, sagen sie, »das wird deinem Nabel guttun.« Ich lehne mich zurück an die Lehmwand. Einen Augenblick will ich mein wehes Bein noch ruhen lassen. Den ganzen Tag laufe ich nun schon in der Stadt herum, und das ist schrecklich anstrengend. Mir ist übel zumute, weil ich

mir fremd und verloren vorkomme, allein mit mir selbst, und ich bin traurig, wenn ich an Enank und Akunga denke. Ich hatte mich so auf mein Wiedersehen mit Enank gefreut, und jetzt ist mir unwohl bei dem Gedanken an ihn. Ich weiß nicht, wie er reagieren wird, wenn ich ohne Akunga bei ihm erscheine, und ich habe keine Ahnung, was ich sagen soll, wenn er mich nach ihr fragt.
Schließlich zwinge ich mich aufzustehen, grüße und danke. Als ich zum Ausgang humpele, hält mich die Hausfrau auf. »Du vergißt zu bezahlen«, sagt sie.
Ich verstehe nicht. »Was ist das?« frage ich.
Die Frau lacht und sagt dem Mann, der dazutritt: »Ich glaube, der kommt aus Ambarland, von den Mückenhäusern. Man hört es auch an seiner Sprache. Also«, setzt sie mir auseinander, »du hast gegessen und getrunken, dafür schuldest du uns Zahlung. Begreifst du?« Sie tippt auf die vielen Kupferreifen, die ihr vom Handgelenk bis an den Unterarm reichen. »Ein Reifen, und du kannst siebenmal bei uns essen.«
»In Ambar«, sage ich verwirrt, »gehst du einfach in ein Haus, wenn du unterwegs bist, und bittest um eine Schale Sauermilch. Keiner fragt nach Kupfer dafür.«
Die Frau blickt den Mann an ihrer Seite fragend an. Er ist von vierschrötiger Gestalt, untersetzt wie die meisten Engarleute im Lehmland. »Nein«, entscheidet er, »der Junge soll zahlen, wo kommen wir sonst hin? Du hast eine schöne Kette um den Hals, mein Junge, ich lasse dir das Essen für die Hälfte von den Perlen.«
Jetzt kriege ich Wut im Bauch. Akungas Kette? Für

Fisch und Bier? Was denkt sich der Mann bloß? Unwillkürlich balle ich meine Fäuste. »Langsam«, meint der Mann und faßt mich am Arm. »Du kannst auch für uns draußen im Hof arbeiten, oder wir setzen dich auf die Gerichtsbänke am Markt als Pfand in den Block, bis einer dich auslöst. Was ist dir lieber?«
Ich deute auf das Messer, das Asal mir geschenkt hat, und sage: »Das kannst du haben.«
»Zeig her«, verlangt er, und beide betrachten den Griff, die Hülle und die schön gearbeitete Steinklinge. »Gut«, erklärt er dann, »wenn du es so willst.«
Seine Frau zieht drei Kupferreifen vom Arm und drückt sie mir in die Hand. »So ist es gerecht«, meint sie, »zuviel wollen wir nicht, nur den richtigen Preis.«
Ich drehe mich auf der Ferse um und stolpere auf die Gasse. Mein Rücken schmerzt, und ich fühle Abscheu in mir und hilflose Wut.
Enank hat sich nicht verspätet, er wartet auf mich im kurzen Schatten eines Torwegs. Ich bringe kein Wort heraus und lehne mich neben ihn an die Wand.
»Es ist wirklich so«, sagt er, ohne mich anzuschauen, »ich bin froh, daß ihr da seid. Aber, das müßt ihr verstehen, ich habe meine Pflichten, ich bekomme meine Befehle. Warum ist Akunga nicht gekommen?«
»Sie läßt dir ausrichten, wenn du sie sehen willst, sollst du zu ihr kommen«, antworte ich steif.
Enank seufzt. »Hier in der Stadt gibt es ein Sprichwort«, sagt er, »es heißt: Besser allein auf dem Dach als mit einer zänkischen Frau im Haus!«

»Du bist verrückt, Enank!« entgegne ich und kämpfe gegen das Zittern in meiner Stimme an. »Akunga ist kein zänkisches Weib, sie will bloß den Mann wieder haben, der zu ihr gehört. Sie ist doch deinetwegen hier, Enank.«

Wir schauen uns an, als wären wir fremde Menschen. Seine Augen machen mich unruhig. »Wir wollen uns nicht streiten«, lenkt er ein, »sondern in Ruhe darüber sprechen. Komm mit auf den Turm. Wenn du oben stehst, wirst du alles besser begreifen.«

Ich beiße die Zähne zusammen und rühre mich nicht. Aber Enank blickt mich an und legt mir seine Hand auf die Schulter. »Dim«, sagt er, »beim erstenmal war es bei mir genauso. Mir wurde schon allein beim Gedanken an die Höhe schlecht. Bis ich oben war, hatte ich mich zweimal erbrochen, so schwindelig war mir. Doch dann stand ich auf einmal über der Stadt, und eine neue Welt tat sich mir auf. Der Du-ku hatte zu mir gesprochen! Von dem Augenblick an begriff ich, worum es bei der ganzen Sache geht. Es kam über mich wie eine Erleuchtung, und ich konnte nicht mehr zurück.«

Enank spricht eindringlich, er faßt mich um die Schultern und bedrängt mich mit seinen Augen, aber ich habe das merkwürdige Empfinden, als sei er eigentlich weit weg von mir. Ich liebe meinen Bruder, doch in diesem Augenblick habe ich Angst vor ihm.

»Also gut«, gebe ich nach, »dann los, du gehst voran.«

Ich folge Enank dichtauf, so daß er sich nicht nach mir umsehen muß und dabei merkt, wie schwer mir das

Gehen fällt. Ich kann mir nicht vorstellen, wie ich mich mit meinem Bein bis oben unter den Himmelsrand bringen kann, aber ich zwinge mich. Enank soll mich überzeugen, wenn er kann.
Ich schaue nicht links noch rechts und bemühe mich gewaltsam, nur Enanks Füße zu sehen, die Ziegel, die Enden der Rohrmatten, die aus dem Mauerwerk stechen, das in den Fugen verfließende Erdpech. Andere Füße begegnen, überholen uns. In der Höhe wird der Wind zum hohlen Sausen, Vogelschreie gellen mir in den Ohren. Ich darf gar nicht daran denken, daß ich den ganzen Weg auch wieder abwärts muß. Angst kribbelt und zieht mir im Bauch. Ich rieche heißes Erdpech, ein Geruch, den ich sonst mag, aber wenn ich jemals wieder hier herunterkomme, werde ich dabei immer an Kullabs Du-ku denken müssen. An dieses Ding, das über mir den Himmelsbauch füllt und mich unter sich erdrückt. Sind wir noch immer nicht an der Baustelle oben? Noch mehr Stufen kommen, dann wieder unfertige Lehmrampen, und plötzlich vernehme ich ganz nah den Lärm der Baustelle und sehe Enanks ausgestreckte Hand vor mir.
»Paß auf«, ruft er, »ich ziehe dich. Noch ein steiler Schritt und du hast es geschafft. So, und jetzt, kleiner Bruder-Freund, sieh dich um!«
Fast behält Enank recht. Ich hebe meine Augen auf und sehe unser Wasserland in der Ferne, die grünen Schilfgefielde, Ambar mit seinen Wasserläufen und Lagunen. Zwei Adler kreisen weitab. Unermeßlich weit reicht das

Wasserland bis hinter den östlichen Himmelsrand. Davor lagert sich, in winzige Feldstücke zerteilt, das wassergetränkte Fruchtland, dessen Kanäle in die Stadt führen. Meine Augen tränen vom Wind, ich kneife sie zusammen und wende mich nach Westen. Auch hier grenzen kleine Feldstücke an die Stadt. Hinter ihnen liegt ein schmaler Streifen Schilfland, den östlich ein Hochwasser führender Fluß begleitet. Jenseits von ihm dehnt sich Ödland, so weit das Auge reicht, flimmernd und hell, bis an den Ort des Sonnenuntergangs.
»Wohin geht es da?« frage ich Enank und deute nach Westen über den Fluß.
»Nach Martu-Land«, erklärt er mir, »zur Steinsteppe, ins Fremdland. Die Niemandsvölker wandern da, ›Leute, die in Menschengestalt gehen, aber deren Worte wie Hundegebell sind‹, so bezeichnet man sie in Kullab.«
Ich will mich auf einen Ziegelstapel niederlassen, aber Enank zieht mich fort. »Nicht hier«, sagt er, »da stören wir die Maurer bei der Arbeit. Komm nach drüben, dann sind wir niemand im Weg.«
Enank setzt sich zu mir und erzählt: »Als ich zum erstenmal auf dem Du-ku war, hatte er noch nicht diese Höhe. Aber ich dachte, noch höher, und du schaust bis ans Meer, das die Erdscheibe begrenzt, und steige ich noch weiter, wird sie zum Feldstück, das ein Bewässerungskanal umgibt, dann schrumpft sie zu einer kleinen Hausinsel, und schließlich sieht sie aus wie ein Brotfladen, der in der Pfanne liegt. Ganz zum Schluß aber,

stellte ich mir vor, ist die Erde völlig verschwunden, und auch das Meer ist nicht mehr. Aber ich will noch höher, es läßt mir keine Ruhe, ich muß wissen, wie es weitergeht!«

Einen Herzschlag lang frage ich mich entsetzt, ob Enank überhaupt weiß, was er redet. Kullabs Turm hat ihn kopfkrank gemacht, sage ich mir und frage: »Ja, und dann? Bis wohin willst du denn?«

»Ja, bis wohin?« wiederholt Enank. »Ich weiß es nicht, aber ich werde den Gedanken nicht los, daß ich herausbekommen muß, was hinter den Dingen steckt, verstehst du?«

Mich fröstelt es bei Enanks Worten. Er ist besessen von dem Drang, immer höher hinauszuwollen, alles zu messen und zu zählen. Mein Bruder will den Himmelsraum erobern, aber mir ist sein Blau da oben zu fern und zu leer, ohne Gefühl für den Menschen. Ich möchte Enank anfassen, festhalten, ich möchte ihn herunterholen auf die Erde, ich möchte ihn anbetteln wie damals: Komm doch zurück! Ich sehe die Narbe an seiner Stirn. Sie glüht, und die ganze Erinnerung kommt mir zurück. Wieder sehe ich meinen Bruder leblos am Boden, die Reiherente fliegt auf, ich höre mich weinen: Komm mit nach Hause, die Büffel schnauben, dein Boot ruft nach dir! Ich suchte ihn bei der Mutter, in ihrem Schilfhaus unter den Inseln, aber diesmal kann ich Enank nicht folgen. Er hat sich von der Erde gelöst, von den Händen der Mutterfrau, und mein Inneres findet nicht mehr den Weg zu ihm.

Ich stehe auf und schaue mich auf der Baustelle um. Die Arbeiter schaffen gebückt, werfen sich Ziegel zu, gießen Erdpech, verlegen Baumatten und ziehen eine neue Außenkante hoch. Der Turm wächst um ein weiteres Stück, fort vom Erdreich, der flammenden Leere des Himmels entgegen. Aber gemessen an Enanks Gedankenflügen ist dieser Du-ku erst ein Kinderspiel, ein kümmerlicher Anfang. Ich blicke abwärts, schaue hinab in die Tiefe, auf die Stadt, suche nach den runden Schilfhäusern, wo Akunga bei den Flechtern sitzt. Ein Greifvogel schwebt dicht an mir vorbei, und plötzlich spüre ich einen Sog und habe den verrückten Drang zu springen.

»Enank«, keuche ich, »halt mich, ich kann nicht mehr!«

Er führt mich sacht vom Turmrand fort. »Nein«, befiehlt er, »mach die Augen nicht zu. Schau in die Ferne, dann läßt der Schwindel eher nach. Es ist alles nur Gewohnheitssache, frag die Arbeiter da vorn. Die gucken von hier hinunter in die Haushöfe und besehen sich, was die Leute treiben. Das kann manchmal ganz lustig sein. Ich mag gar nicht daran denken, doch wenn der Bau fertig ist, dürfen nur noch die Priester unserer Stadt hier stehen.«

»Das verstehe ich nicht«, sage ich, »gilt das denn auch für dich? Du kannst dann nicht mehr auf den Turm steigen und mußt ihn dir von unten besehen?«

»So ist es, leider«, sagt Enank, »und es ist nichts daran zu ändern, denn für die Dienste der Priester wird der Du-ku ja gebaut.«

Er zeigt über sich in den Himmel. »Da ungefähr mußt du dir den Abschluß vorstellen, eher noch höher, jedenfalls noch ein ganzes Stück über uns. Ganz zuoberst wird das Tischhaus für unseren Gottherrn An errichtet. Er ist der Herr von Kullab, und er wird dort oben in seinem Haus wohnen. An seiner Seite wird die Gottherrin Innin schlafen, und alle Götter, die das Schicksal des Landes bestimmen, werden in dem Hohen Haus ein und aus gehen.«
»Und was machen die Priester auf dem Turm?« frage ich.
»Ich erkläre es dir«, sagt Enank. »Im Wasserland weiß man von diesen Dingen nichts. Also, wenn morgens der Stern des hohen An aufglänzt, stellt der Priester im heiligen Haus den Tisch auf, reicht Handwasser, deckt die Tafel und richtet Fleisch vom Schaf oder Rind an. Er stellt bestes Bier dazu, schenkt ein und entzündet Duftholz. Dann spricht der Priester das Handerhebungsgebet und ruft die sieben Götter Kullabs herbei: Ihr Götter, ob im Himmel, auf der Erde oder in ihren Wassern! Wo ihr auch seid, kommt, euer Tisch ist bereit. Eßt und laßt es euch wohlsein. Zu uns sollen eure Füße eilen, nach Kullab sollen eure Beine laufen. Werdet seßhaft in unserer Stadt.«
»Bruder, du redest ja schon wie einer von den Leinenrockmännern«, rufe ich aus. »Vielleicht können sie dich brauchen, um ihren Rundbildern die Füße zu waschen. Das Bücken hast du ja bereits gelernt.«
Enank überhört meinen Spott. »Ich kann alles in dieser

Stadt werden«, meint er bekümmert, »nur ihr Priester nicht. Die müssen aus ihrem eigenen Volk kommen, sie müssen Engar-Leute sein. Ich bin nur aus Ambar, und das ist für die Leute hierzulande fast, als ob ich ein Martu wäre, einer von den Wüstenleuten, die mit Pfeilen nach Essen schießen.«
»Und eure Priesterin, darf sie das Tischhaus besuchen?« erkundige ich mich.
»Oh, du meinst Ningula«, sagt Enank, »hast du sie schon gesehen? Doch, sie hat Zutritt, weil sie der Gottherrin dient. Und wenn An mit Innin sein Lager teilt, wird Ur-Mach, der Priesterfürst, mit Ningula im Tischhaus des heiligen Berges schlafen. Das ist am Neujahrstag, so feiert man ihn hier. Man bittet die Götter um Segen für das kommende Jahr, daß sie die Furchen wässern, die Felder fruchtbar machen und den Pferchen viele Rinder und Schafe schenken.«
Enank spricht begeistert, und mit jedem Wort wächst die Dunkelheit zwischen uns. Ich muß ihn nicht erst fragen, ob er die Mutterfrau der Inseln vergessen hat, zwischen deren Händen das Muster unseres Lebens entsteht und vergeht, die sich nicht einsperren läßt und die anders als Kullabs Haus- und Himmelsgötter kein Bild und Aussehen hat. Ich muß nicht fragen, denn jeder kann hören, daß Enank die Große Mutter verlassen hat.
Um überhaupt etwas zu sagen, erkundige ich mich, wo Enank in der Stadt wohnt. »Kannst du es mir von hier aus zeigen?« frage ich ihn.

»Schon, wenn du unbedingt willst«, sagt er und lacht. »Aber dann muß ich dich über die Turmkante halten.«
»Nein, danke, dann lieber nicht«, wehre ich ab. »Gleich hier unten, auf dem Bauplatz wohnst du?«
»Ja«, bestätigt er, »am Fuß vom Du-ku. Da befinden sich Bauhäuser, die später abgerissen werden, wenn unten an der Aufstiegsrampe das Erscheinungshaus des großen An gebaut wird. Jetzt ist da erst sein Opferplatz. Komm, ich habe noch Zeit, ich kann dir meine Schlafstelle zeigen.«
Wir steigen abwärts, ich mit hinkendem Schritt hinter Enank. Es ist weniger schlimm, als ich gefürchtet hatte. In halber Höhe des Turms kommt uns der Sanga-Priester mit der Rotsteinkette entgegen, glattgeschorene Männer folgen ihm, einige tragen Ziegellastkörbe im Nacken. Die Nasenflügel der Männer sind zerschnitten.
»Sklaven sind das, Eigenleute vom Haus des En, Beutegut aus den Fremdländern«, raunt Enank mir zu, während wir uns an der Wand dünn machen.
Der Sanga bleibt bei Enank stehen, der Zug stockt. Von seinem Hintermann gestreift verliert ein Arbeiter den Halt und rutscht mit einem Aufschrei in die Tiefe. Der Träger hinter dem Sanga zuckt zusammen, seine Ziegel kippen und poltern dem fallenden Mann hinterdrein. Der Sanga wirft einen Blick auf den Lastträger und wendet sich an meinen Bruder. »Die Ziegel laufen wieder richtig?« erkundigt er sich.
»Ja«, bestätigt Enank mit einer Verbeugung, »gerade

bin ich auf dem Weg zur Bauzeichnung, um die neuen Maße abzunehmen.«

»Gut, dann geht alles in Ordnung«, nickt der Sanga und steigt an uns vorbei weiter aufwärts.

Inzwischen klatschen Peitschenhiebe. Der Korbmann steht mit ausgebreiteten Armen der Steilwand zugekehrt, auf seinem Rücken platzt die Haut. »Denkst du, daß Steine Beine haben und von selbst nach oben kommen?« schimpft der Aufseher und haut nochmals zu, rollt die Peitsche zusammen und winkt die Reihe der Sklaven an uns vorbei.

»Kein schöner Anblick«, sagt Enank, als müsse er sich vor mir verteidigen, »aber so oft kommt es auch wieder nicht vor.«

»Und der Mann, der abgestürzt ist?« frage ich empört. »Euch macht das wohl nichts, wenn ein Mensch sich zu Tode fällt? Der Aufseher und dein Sanga haben nicht mal mit der Wimper gezuckt. Über ein paar Ziegel aber regt ihr euch auf, da muß sogar die Peitsche her, aber der arme Kerl, der da unten irgendwo liegt, der läßt euch kalt!«

»Du siehst das nicht richtig«, entgegnet Enank. »Um den Mann wird sich schon jemand kümmern, dem ist sowieso nicht mehr zu helfen. Und du hast doch gehört, was der Aufseher gesagt hat: Menschen haben Beine, Ziegel kommen nicht von selbst auf den Turm. Das mag grausam klingen, aber es ist so. Je mehr wir an Höhe gewinnen, desto sorgfältiger muß geplant und gearbeitet werden. Jetzt komm, ich habe noch viel zu tun.«

Wir steigen weiter abwärts. Mein Körper bewegt sich wie von selbst, ohne mich. Am Fuß des Du-ku würde ich am liebsten augenblicklich davonrennen und Enank einfach stehenlassen. Wir sind eines Leibes Brüder, mit der gleichen Milch genährt, das stimmt. Aber mir ist klargeworden, ich bin ich, und mein Bruder ist ein anderer. Ich laufe neben ihm her, lasse mir von ihm zeigen, wo er arbeitet und schläft, aber es interessiert mich nicht. Ich gehe nur noch mit, weil ich wegen Akunga mit ihm sprechen muß.
Enank bleibt vor einer großen weißen Hauswand stehen, die von oben bis unten mit scharfen Längs- und Querlinien bedeckt ist. »Das ist unser Arbeitsgitter für den Turm«, erklärt er, »wir haben daran die Maße festgehalten, berechnen damit die Steigung und stellen fest, wieviel Ziegel wir brauchen. Der schräge Strich links ist die Kantenneigung. Oben die flache Linie stellt die Plattform dar, auf der das Tischhaus errichtet wird.« Er dreht sich mir zu. »Im Wasserland lebt man noch wie gestern. Erst hier in der Stadt habe ich gelernt, mit Meßschnur, Lot und Peilholz umzugehen. Man hat mir beigebracht, Zahlen einander gegenüberzustellen. Zuerst habe ich Körbe geschleppt und mir den Buckel wundgetragen, aber bald hatte ich begriffen, daß dieses Land mit Zählen und Rechnen zusammengehalten wird. Ich habe schnell gelernt, heute ist mir im Rechnen kaum einer über, nicht einmal der Sanga.«
Das alles sagt er ohne Stolz, fern von jeder Überheblichkeit. Ich glaube ihm und kann nichts erwidern.

»Weißt du«, sagt Enank, »es geht nicht um die Ziegel. Die sind nicht so wichtig. Wir brauchen sie eben, um die Götter bei uns seßhaft zu machen. Mir kommt es darauf an, was in dem Mauerwerk steckt, mich interessieren Zahlen, Meßwerte und Planung. Mit Messen und Rechnen werden wir die vier Weltecken festmachen, das ist die Botschaft des Du-ku. Niemand kommt an dieser Tatsache vorbei! Wasserland ist unsere Heimat, Dim, aber in Kullab beginnt eine neue Zeit.«

»Eine schöne Zeit«, sage ich bitter, »die damit anfängt, daß Leute ausgepeitscht werden. Da ist mir Wasserland lieber, ohne Turm, ohne Peitschen für Menschen.«

Enank kommt nicht dazu, mir zu antworten. Zwei Männer mit Meßschnüren tauchen auf, sprechen Enank an und ziehen ihn beiseite. Er hört zu, fragt mehrmals zurück und lacht ausgelassen. Dann faßt er die beiden am Arm, führt sie zu mir und stellt mich vor. »Das ist Dim, mein jüngerer Bruder«, sagt er. »Ich zeige ihm den Turm, Dim ist neu in der Stadt. Und das sind Maten und Nita«, erklärt er mir, »sie sind Vermesser wie ich.«

»Dein Bruder ist ein wichtiger Mann am Bau«, sagt Nita und nickt mir zu, »der macht was aus dir, wenn du so einen hellen Kopf hast wie er. Bei mir hat dein Bruder Vermessung gelernt, heute ist er bei der Bauaufsicht!«

»Nur bis Kudda wieder auf den Beinen ist«, erwidert Enank. »Kudda ist im vorigen Monat nämlich unter einen Lastaufzug geraten, und unser Sanga hat mich für ihn bei der Planung eingestellt.«

»Gib dich nicht so bescheiden«, sagt Maten, »jeder

weiß, was für große Stücke der Sanga auf dich hält. Zur Bauaufsicht nimmt der nicht jeden.«

»Ich beneide dich auch nicht darum«, wirft Nita ein. »Wenn ich nur daran denke, was heute mit den Ziegeln lief. Da möchte ich nicht in deiner Haut stecken. An der Bauaufsicht bleibt zuletzt alles hängen, da mußt du Tag und Nacht auf den Beinen sein und kannst Weib und Kind vergessen. Aber dir macht das ja nichts, Enank, du bist sowieso mit dem Du-ku verheiratet.« Maten und Nita lachen und gehen weiter.

»Komm hier um die Ecke«, sagt Enank und deutet auf die nächste Tür. »Das ist mein Bettplatz. Komm schnell herein und schau dich um. Ein andermal haben wir mehr Zeit füreinander!«

Er öffnet die Rohrtür und begleitet mich in einen Raum, dessen Wände mit Zeichen, Strichen und Liniengittern bedeckt sind. An einer Wand läuft eine Lehmbank entlang, ein Teppich ist darüber gebreitet, der Fußboden sauber ausgefegt.

»Es ist nicht viel zu besichtigen«, meint Enank, »ich bin auch selten hier. Da auf der Bank habe ich meine Schlafstelle.«

»Enank«, bitte ich, »Akunga hat um ein Kind geträumt, sie wartet auf dich, daß du ihrem Kind den Schoß öffnest. Laß sie bei dir schlafen. Sie ist auf dem Flechtplatz, wo die Ambarleute sind, hole sie in dein Haus, auf deine Bank. Enank, Bruder, du gehörst zu ihr, Akunga liebt dich. Aber sie ist stolz, und sie ist verletzt, weil du sie verlassen hast.«

»Ich habe keinen Platz für eine Frau«, antwortet er mit starrem Gesicht. »Sie soll meine Hände lösen und mich freilassen.«
»Aber sie muß doch zu dir kommen, daß sie ihr Kind haben kann. Wenigstens das, Enank«, sage ich, und fast kommen mir die Tränen. »Komm, hole sie zu dir, laß sie an deiner Brust schlafen.«
Ich stehe vor ihm, und mein Gesicht brennt. Enank sieht plötzlich müde aus. Er sagt: »Kleiner Bruder-Freund, wenn du mich so darum bittest.«
»Ich richte Akunga aus, daß du sie holen kommst«, rufe ich, nehme seine rechte Hand und küsse sie. Dann gehe ich, haste und eile mich, wenn ich auch nicht rennen kann.
»Dort drüben geht der nächste Weg«, schreit Enank mir hinterher und winkt mit dem Arm, »nimm die Brücke, die du zwischen der Hauslücke siehst!«
Auf der anderen Kanalseite finde ich mich zwischen bunten Häusern, ausgedehnten Höfen und Bäumen wieder. Es sind Tamarisken, und ich glaube, sie sind das erste Grün, das ich in der Lehmstadt zu Gesicht bekomme. Ich biege um eine Hausecke und pralle zurück. Mir gegenüber erhebt sich ein Tatzentier, massig, viel größer als ich, pendelt mit seinen Armen und schaut mich an. Aus seiner Schnauze hängt ein frischer Fleischhappen.
»Oh«, sage ich erschrocken.
Der Braunpelz läßt sich auf seine Vorderfüße fallen und schlingt weiter an seinem Brocken. Ich atme auf, als ich

sehe, daß das Tier am Bein mit einer Kupferkette ans Haus gefesselt ist. Ein Ledernacken-Mann kommt auf mich zu, mustert mich nachlässig und winkt mich vorbei. Ich schlage einen großen Bogen um den Braunpelz und lasse mich von einem Ziegelweg unter die blauschwarzen Tamariskenbäume führen.

Im Schatten hockt ein älterer Mann bei einem Rohrkorb und wirft Fleischfetzen in eine Grube. Er hebt den Kopf und schaut zu mir. »Komm, sieh dir das an«, ruft er mich. »Ein selten schönes Tier!«

Ich gehe zu ihm und schaue dem Alten über die Schulter. Zwischen ziegelgemauerten Wänden reißt unten in dem Loch ein Leopard Fleisch auseinander.

»Früher kamen sie bis in die Häuser«, berichtet der Mann. »Aber seit unser En sie jagt, ist Ruhe im Land. Schönes Tier, was?«

»Wie kommt es in die Grube?« frage ich. »Ist es hineingestürzt?«

Der Mann zieht Innereien aus seinem Korb. »Nein«, sagt er dann, »unser En hat ihn mit eigener Hand gefangen. Na ja, es waren auch noch andere mit dabei. Aber man sagt es eben so. Ur-Mach ist ein großer Jäger vor dem Herrn, das hört er gern. Du bist wohl nicht von hier?«

»Nein«, antworte ich, »unser Dorf ist in Ambarland. Aber Leoparden kenne ich. Die gibt es bei uns in der Trockenzeit, wenn sich das Wasser verläuft. Wir sagen, sie sind Handtiere der Großen Mutter, und sie reitet nackt auf ihnen, wenn sie jagt.«

»Ja, die Große Mutter«, erinnert sich der Alte. »Hör mal, wie der Leopard frißt, es geht ihm also gut. Ich gebe ihm auch nur das Beste. Der Bär vom En würde notfalls auch Gräten abnagen. Aber ein Leopard, das ist und bleibt etwas Besonderes. Genau wie du sagst. Ich füttere nämlich die Jagdtiere vom Haus des En, mußt du wissen. Manchmal ist diese Grube ganz besetzt und die dahinter auch. Dann gibt es Arbeit. Früher allerdings, da hätte man auch bei uns keinen Leoparden getötet. Sie gehörten der Mutter. Wo jetzt der Du-ku steht, gab es damals ein Schilfhaus mit ihren Zeichen. Die Große Mutter hatte ihren Stein, ihre Frauen, ein Mädchen, alles wie es sein soll. Aber da war ich noch ein Junge. Die Rundköpfe nahmen überhand, und heutzutage beten wir zu ihren Göttern. Habt ihr noch ein Haus für die Mutter in Ambarland?«
»Ja«, bestätige ich, »die Mutterfrau wohnt bei uns.«
Der Mann zieht den Bart in den Mund und kaut. »Wie das eben so ist«, meint er. »Bei uns sind ihre Lieder und Worte vergessen.« Er blinzelt mir zu. »Und bei euch ist das noch immer so, zwei, drei Männer und eine Frau, hm?«
Ich mache ein abweisendes Gesicht.
»Also gut, es war nur so eine Frage«, sagt er und legt mir die Hand auf den Arm. »Wohin bist du unterwegs?«
»Zum Flechtplatz«, antworte ich.
»Ja, da gibt es Leute vom Wasserland«, sagt er. »Komm mal wieder, wenn du willst. Subaba, das bin ich, ein Martuname ist das. Und wie ruft man dich?«

»Dim, das ist mein Name«, sage ich, und lächele ihm zu. »Also, Dim, komm mal wieder vorbei«, sagt Subaba. »Ich unterhalte mich gern mit jemand über die alten Zeiten.« Damit nimmt er seinen Korb und humpelt fort. Hinter den Tamarisken stoße ich wieder auf Häuser und später auf den Versorgungskanal. Der Flechtplatz ist verlassen, ich finde Akunga vor der Tür von Dodil. Sie hat ein Brustkind im Arm, ein kleines Jungenkind, es strampelt mit den Beinen, und Akunga reibt ihm den Nabel und lacht.

»Oh, da bist du ja, Dim«, ruft sie mir entgegen. »Schau, ich habe Besuch bekommen. Eine Frau hat es mir zum Verwahren gegeben, sie kommt nachher und holt es wieder. So ein Kerlchen warst du auch mal, kleiner Bruder-Mann.«

Ich muß lachen. »Wirklich?« sage ich. »Ich erinnere mich aber gar nicht. Bist du sicher?«

Akunga drückt den Jungen an sich und fragt: »Na, was hat der große Bruder dem kleinen gesagt?«

»Du mußt mich nicht veralbern«, erwidere ich gereizt und müde. »Das war ein böser Tag, ich bin ganz erschlagen von dem vielen Laufen.«

»Also, ich höre«, sagt Akunga und hält das Köpfchen des Kleinen an ihre Schulter. »Du hast Enank getroffen?«

»Ja, und er hat mir den Turm gezeigt und unten sein Haus mit dem Schlafplatz. Es liegt ein schöner bunter Teppich darauf«, berichte ich. »Und Enank hat versprochen, daß er kommt und dich holen wird!«

Akunga verzieht den Mund.
»Du machst ein Gesicht«, sage ich ihr, »als hättest du Fischlake getrunken und wüßtest nicht, ob du dich schütteln sollst oder noch mehr willst.«
»So ist es mir auch«, antwortet sie. »Er kommt mich holen – das bestellt er mir, mein Mann. Ich merke, er redet schon genauso wie alle diese Männer hier. Ihre Frauen haben zu kuschen, Kullab ist nicht Wasserland, so reden sie, unsere Männer! Ich habe es den ganzen Tag zu hören bekommen. Nun, wir werden ja sehen, was wird, wenn Enank kommt.«
Ich erzähle Akunga vom Eßhaus und von den Leuten, bei denen ich mein Messer lassen mußte. »Halt mal«, sagt sie, reicht mir das Kind, holt unseren Korb und kramt einen Kupferreifen hervor. »Zeig deine her! Ja, die sind viel dünner. Lauf morgen und hol dir unser Messer zurück. Du sollst Asal nicht unter die Augen kommen und ihm sagen müssen, es sei bei den Lehmleuten geblieben.« Sie streift mir den Reifen an den Arm, und ich küsse sie.
Von der Peitsche, von den Leuten mit ihren zerschnittenen Nasen und von Enanks verrückten Reden sage ich nichts. Erst muß ich selbst über all das nachdenken. »Weißt du, was ich gesehen habe?« erzähle ich stattdessen. »Unser Wasserland! Du kannst vom Turm aus bis ins Schilf sehen. Da wird dir klar, wie groß Ambar ist. Akunga, wenn wir zurück sind, nehmen wir unsere Büffel und Boote und ziehen bis ans Ende der Welt, wo von Kullab nichts mehr zu hören und zu sehen ist.«

»Süße Mutter«, seufzt Akunga, »das ist das erste vernünftige Wort, das ich in dieser Stadt höre.«
»Und wenn Enank nicht mit will?« frage ich vorsichtig.
»Dann soll er doch bleiben, wo er ist«, sagt sie trotzig und bricht in Tränen aus. »Meinst du, daß er heute noch kommt?«
»Ich weiß es nicht«, antworte ich und blicke zu Boden.
Die Mutter des Kleinen kommt zurück und nimmt ihr Kind, und gleich darauf will Dodil uns zum Bier abholen, aber wir wollen nicht weggehen. Beide sitzen wir auf und warten auf Enank. Es wird Nacht, die Sternfrau mit der Ähre erscheint am östlichen Himmelssaum, aber Enank kommt nicht.
In der Frühe hole ich mir mein Messer in der Stadt. Jetzt wollen es mir die Leute abkaufen, aber ich mag nicht, nein, auch nicht für einen Arm voll Kupfer. Ich kann allerdings verstehen, daß die Leute im Eßhaus das Messer behalten möchten, denn ich glaube nicht, daß irgend jemand in Kullab ein so gutes Messer anzufertigen versteht.
Nicht weit von unserer Brücke entdecke ich einen Tonbrennofen, vor dem zwei Frauen knien und Töpfe hineinstapeln. Ich gehe in den Hof und sehe Männer im Ton arbeiten, fünf in einer Reihe. Sie treiben mit den Füßen eine Drehscheibe, werfen Tonklumpen darauf und greifen hinein, und im Handumdrehen entsteht ein fertiges Gefäß. Ich kann kaum mit den Augen folgen, so schnell geht das. Bei uns bauen die Frauen das Geschirr aus Wülsten auf, und sie verwenden viel Zeit darauf,

jedes Gefäß bekommt seine besondere Form und hat sein eigenes Gesicht. Bei diesen Männern dagegen geht das sozusagen Schlag auf Schlag. Entsprechend sieht die Arbeit auch aus. Die Krüge und Töpfe und die Schalen auf den Trockenständern wirken plump und schwer, die Wandung ist dick, der Ton grob. Ich kann auch nirgends ein bemaltes Gefäß entdecken. Unsere Frauen würden sich schämen, mit dem Ton der Mutter so umzugehen. Jetzt wird mir auch klar, warum die Händler aus Kullab die Frauen bei uns stets nach Tonwaren fragen, wenn sie auf den Schiffen Kümmel, Datteln und Gerste zum Tausch anbieten. Aber daß die Lehmleute manche Gefäße mit Handgriffen versehen, ist eine gute Idee, daran hat bei uns noch niemand gedacht.
Ja, so ist es in Kullab, die Engar-Leute wissen, wie man etwas in die Hand nimmt, sie erfinden Dinge, von denen wir uns nichts träumen lassen. Verglichen mit ihnen kommst du dir dumm und unwissend vor, aber am Schluß fragst du dich, was das alles eigentlich soll. Zum Beispiel der Du-ku, auf den die Stadt so stolz ist! Ständig sehe ich Leute die Köpfe ins Genick legen und das Ding angaffen. Aber für die Kinder, die an den Hauswegen in stinkenden Pfützen liegen, betteln und ihre Geschwüre kratzen, haben sie keine Augen.
Am Flechtplatz zeige ich Akunga glücklich mein Messer. »Komm auf die Matte«, sagt sie und rückt beiseite, »mach mit! Ein Vergnügen ist es zwar nicht, aber wir können nicht Dodil einfach in die Hände sehen, wenn er uns versorgt.«

Wir flechten den ganzen Tag. Die Arbeit ermüdet, sie ödet mich an. Mir wird erst besser, als ich anfange, unsere Arbeitslieder aus dem Wasserland zu singen. Erst summen die Männer nur mit, dann singen wir lauthals den ganzen Tag. Am Abend habe ich bald keine Stimme mehr. Aber ich fühle mich wohl unter den Leuten, rede und spaße mit Akunga und merke immer mehr, wie sehr ich sie mag.

Zwischendurch nimmt mich Dodil beiseite. »Diese Frau schafft wie ein Mann«, sagt er anerkennend, »ich hätte auf meiner Schlafmatte noch Platz für eine wie sie. Mit Zanini und ihr brächte ich es bald zu was. Ich denke für später an ein kleines Handelsschiff. Was meinst du, wird sie vielleicht bei mir bleiben wollen? Auf deinen Bruder kann sie lange warten, der ist inzwischen ein Engar-Mann.«

Ich schnappe nach Luft und finde im ersten Augenblick keine Worte. Dodil weiß nicht, was er mit meinem Gesicht anfangen soll, dann lacht er und sagt: »Du solltest mal eins von den Mädchen hier probieren, die sind gar nicht übel, ehrlich! Die können wenigstens den Mund halten, wenn sie nicht gefragt sind, das haben sie unseren Frauen voraus.«

»Dodil«, antworte ich so ernsthaft, wie ich vermag, »du kennst Akunga nicht. Du kannst sie ja fragen, aber ich bin sicher, die gibt noch lange nicht auf.«

Drei Tage später zweifele ich, ob das immer noch stimmt. Denn Enank bleibt aus, und Akungas Verhalten wird immer unleidlicher. Ständig hat sie etwas an

mir auszusetzen, oder sie sitzt bekümmert auf der Matte und legt die Hände in den Schoß. Ich versuche für sie mitzuarbeiten, die Männer fluchen, daß sie die ganze Arbeit durcheinander bringt. Im nächsten Augenblick schafft sie wieder wie wild.
Abends liegt sie in meinem Arm und weint vor sich hin, ich streiche ihr über den Rücken und wünsche mir, ich könnte sie trösten. Es sind die Nächte vor dem Dunkelmond, Tage mit warmer, übelriechender, stickiger Luft.

Kullab ist kein Frauenland. Akunga bleibt nichts übrig als zu warten, sich zu gedulden. Es sei denn, sie selbst ginge zu Enank und bäte ihn, bei ihm bleiben zu dürfen. Aber wie könnte sie das tun? Akunga, eine Frau vom Wasserland?
Ich spüre die Wut, die sie innerlich auffrißt, ihre stumme Trauer, die mir Schuldgefühle macht. Es hilft nichts, daß ich mir sage: Dich meint sie doch nicht, sondern Enank! Ich komme einfach nicht dagegen an. Ich weiche ihren Augen aus und empfinde Akungas Schweigen immer stärker auch als Vorwurf an mich. Und sie hat ja recht, schließlich ist doch Enank mein Bruder.
Ich habe ihn angebettelt, angefleht. Aber mein Bruder hat sein Versprechen nicht gehalten, er ist nicht zu ihr gekommen. In keinem Hausinseldorf dürfte ein Mann es wagen, die Frau, zu der er gehört, so niederträchtig zu behandeln. Seine Schlafmatte läge gleich draußen vorm Haus, und er wäre binnen kurzem aus dem Dorf geekelt.

Ich bin heute in die Stadt gegangen, um Akunga aus den Augen zu sein. Auch bei den Flechtern mochte ich nicht sitzen, denn die Arbeiter sind schlechter Stimmung, weil seit zwei Tagen ihre Rationen nicht mehr stimmen. Am Rand der Breiten Straße verkrieche ich mich in eine Ecke. Ich sollte zu Enank gehen, aber ich bleibe in meiner Ecke, ziehe die Knie ans Kinn und mache mich klein. Die schubsenden, lärmenden Menschen sind mir zuwider, doch hier brauche ich wenigstens mit keinem zu sprechen. Und wer weiß, vielleicht treffe ich später Enank zwischen den Häusern oder auf dem Bauplatz vor dem Turm. Ganz zufällig soll es aussehen, das wäre mir am liebsten. Dann fiele es mir leichter, meinen Bruder zu fragen, warum er nicht zum Flechtplatz gekommen ist, um Akunga zu holen. Ich komme mir feige vor, daß ich nicht direkt zu ihm gehe und ihn zur Rede stelle. Aber es ist keine Feigheit. Ich kenne einfach meinen Bruder nicht wieder, das ist es. Ich begreife ihn nicht, Enank macht mir Angst, und ich fühle mich gehemmt, mit ihm zu reden.
Er hat mich nicht nach unserem Dorf gefragt, keinmal von Ma gesprochen, hat sich nicht erkundigt, wie Akunga und ich nach Kullab gekommen sind oder was wir hier überhaupt wollen. Er ist so besessen von seinem Du-ku, daß er nichts mehr sieht. Seine Augen sind geblendet, sind blind geworden vom Höhenlicht.
Je länger ich hier am Straßenrand kauere, um so beklommener wird mir. Wenn ich nur mal dahinterkäme, warum hier jeder so drängelt, warum alle schie-

ben, sich abhetzen, ihre Sachen pausenlos von einer Gasse in die nächste schleppen, vollbepackt zurückkommen, krummbeladen unter ihren Körben ächzen, ohne Ende Stoffballen, Krüge, Säcke, Rohrmatten hin und her befördern. Spaß macht es ihnen bestimmt nicht, die meisten haben ganz verkniffene, angestrengte Gesichter, sie keifen, wenn sie aufgehalten werden, schlagen ungeduldig auf Ochsen und Esel ein, und ein Lachen ist kaum zu hören. Offenbar ist die ganze Stadt unentwegt damit beschäftigt, ihre Erzeugnisse umzuverteilen. Einmal müßten sie doch fertig sein damit! Irgendwann sollte doch jeder haben, was er braucht! Aber es sieht nicht danach aus, im Gegenteil, es hat den Anschein, als bekäme keiner genug. Ich kann mir nicht helfen, ich werde nicht klug aus dem Treiben.
»He, du da!« Ein Junge stößt mich an. »Hau ab, das ist mein Platz!« Er setzt sich hart neben mich und blickt mich herausfordernd an. Ich rücke ein Stück von ihm ab. Ein, zwei Jahre mag er jünger sein als ich, unsäglich mager sieht er aus, und um seine Hüften hat er ein unförmiges Gewandtuch geknotet. »Du sitzt wohl auf deinen Ohren«, sagt er böse und schubst mich ein zweitesmal, »das hier ist meine Ecke.«
»Ich bin müde«, antworte ich, »und es ist Platz für uns beide.«
»Reiß mal dein Maul nicht so auf«, faucht er, schnieft in die Finger und wischt sie an seinem Bein ab, ohne mich aus den Augen zu lassen. »Du bist wohl nicht von hier«, stellt er fest. »Sonst wüßtest du, wer Tete ist. Das bin

nämlich ich. Oder hast du noch nicht von Tetes Straßenkehrern gehört?«
Fast muß ich lachen, denn dieser Tete hat eine weiche, warme, sanfttragende Kinderstimme. Was er sagt, hört sich eher komisch als bösartig an. Tetes Augen sind aber gar nicht so lustig, sie blicken hart und lauernd und sagen mir, daß mit dem Jungen nicht zu spaßen ist. Doch aufstehen, weggehen, das mag ich nicht. Ich merke sogar, daß ich eigentlich fast froh bin, nicht mehr stumm in der Ecke allein vor mich hinzubrüten.
»Ich hatte keine Ahnung, daß hier dein Platz ist«, versuche ich einzulenken. »Ich bin nicht von hier und kenne mich in eurer Stadt nicht aus. Sie gefällt mir auch nicht. Ich wollte, ich wäre schon wieder zu Hause bei uns im Wasserland. Da bin ich nämlich daheim.«
Tete mustert mich zweifelnd und mißtrauisch, dann grinst er unvermittelt: »Aus Wasserland, sagst du? Dafür wirkst du eigentlich ziemlich normal. Ich dachte, ihr habt Schwimmhäute zwischen den Fingern. Also, meinetwegen, ich erlaube dir Tetes Ecke, aber nur für jetzt und bloß ausnahmsweise, daß das klar ist, verstanden?«
Ich zucke die Schultern. Ein zerzaustes Mädchen taucht neben Tete auf, streift mich mit kurzem Blick und steckt ihm verstohlen etwas zu. Der knufft sie in die Seite und deutet auf eine Frau in der Menge: »Da, die alte Schachtel mit dem Fransenhaar, los, sieh nach, was sie in ihrem Körbchen hat, mach schon!«
Das Mädchen duckt sich und verschwindet. Tete schaut

ihr nach. »Die Kleine arbeitet für mich, bei Tetes Straßenkehrern«, erklärt er nachlässig und knotet zwei leuchtendblaue Lapislazuliperlen ins Hüfttuch. »Sie bringt noch nicht viel, aber helle ist sie schon.«
»Und warum tust du das«, frage ich ihn, »daß du andere für dich arbeiten läßt? Bist du krank? Und hast du keine Hausleute, zu denen du gehörst und die ihre Wand und die Eßmatte mit dir teilen?«
Tete schaut mich an, als verstünde er nicht. »Hör mal, du Wassermann«, sagt er, »willst du mich hochnehmen? Was meine Leute abstauben, davon lebe ich, und zwar bequem, das kannst du mir glauben. Das bringt Kupfer, und wenn ich genug davon beisammen habe, miete ich mir Sklavenarbeiter von den Gerichtsbänken, kaufe Äcker bei den Priestern und mache noch mehr Kupfer. Zuletzt stelle ich mir ein Haus hin und steige in den Großhandel ein und habe ausgesorgt. Guck mal, da vorn der kleine Junge, der gerade den Mann mit dem bunten Bar-Tug-Gewand anrempelt, das ist Scha-dug, der gehört auch zu meiner Mannschaft. Hier im Viertel läuft alles für mich.«
»Deine Leute stehlen«, sage ich, »aber wieso behalten sie es nicht für sich? Warum gibt dir das Mädchen die blauen Perlen?«
»Ich sorge für sie«, erwidert Tete ernsthaft, »meine Leute haben bei mir ihr Essen und stehen unter meinem Schutz. Wer ihnen auch nur ein Haar krümmt, ist ein toter Mann, so ist das. Klar, es kommt vor, daß einer von den Leuten mal was für sich behält, aber nicht zu

oft, das wird unangenehm für ihn. Es ist kein schöner Anblick, wenn jemand abgeschwartet am Uferdamm liegt, und du weißt, das war mal ein Kumpel von dir.«
Das alles erklärt mir Tete mit liebklingender, warmer Kinderstimme. Ich lehne den Kopf gegen die Mauer und beobachte schweigend die Straße. Träger befördern einen dickleibigen Mann auf einer Art Tragsessel durchs Gewühl, eine Dienerin läuft ihm zur Seite und fächelt ihm Luft zu. Ich versuche, mir den Mann beim Futtermachen vorzustellen oder wo beim Melken sein Wanst unter einer Büffelkuh Platz fände. Nein, ich wüßte nicht, wie er von seiner Hände Arbeit leben wollte. Der ganze Mann lebt von Kopf bis Fuß davon, daß andere für ihn leben. Eigentlich ist er schon tot. Und so einer möchte Tete auch mal sein, denke ich, und, wer weiß, vielleicht schafft er es sogar und läßt später seinen Bauch von anderen Leuten schleppen.
Der Junge an meiner Seite tut mir leid. Ich kann fühlen, wie allein er ist. Wenn Tete nachts auf seiner Matte aufschreckt, hat er bestimmt keinen, bei dem er sich ankuscheln kann. Wäre er bei uns im Wasserland geboren, hätte er es besser. In Ambar arbeitet keiner für sich oder für andere, sondern wir arbeiten zusammen. Keiner will mehr haben als genug, weil wir die Gaben der Mutterfrau miteinander teilen und es niemand darauf anlegt, auf Kosten anderer möglichst viel für sich einzustreichen.
Ich lege meine Hand auf Tetes Knie und schaue ihn an. Er zuckt unter der Berührung zusammen, schiebt meine

Finger beiseite und verzieht das Gesicht. »Laß das, Wassermann«, sagt er, »von der Sorte bin ich nicht. Aber jetzt verdufte ich, dort drüben kommen Ledernacken, die Leute vom En, die sind scharf auf mich. Gestern sind am Markttor zwei Häuser abgebrannt, und die Bewohner sind dabei ein bißchen erleichtert worden. Das sollen natürlich wieder Tetes Straßenkehrer gewesen sein, aber nachweisen können sie mir nichts, und ausfragen laß ich mich von den Burschen schon gar nicht.« Er zeigt mir seine narbenzerschnittenen Handflächen: »Die wollen nicht noch einmal grüne Palmruten zu spüren bekommen! Wenn du willst, kannst du mitkommen. Einen wie dich könnte ich im Hafen gebrauchen, von Schiffen verstehst du doch bestimmt was, oder?«
Ich winke ab. »Nein«, antworte ich, »morgen oder übermorgen sitze ich wieder in meinem Boot, meine Leute warten auf mich.«
»Schade«, meint Tete, »na, überleg es dir noch mal. Und wenn du mich suchst, brauchst du nur die Kinder hier in der Gegend zu fragen.«
Damit ist er fort, im Gedränge untergetaucht. Ich bleibe sitzen, die Ledernacken nähern sich, begutachten mich mit kurzem Blick und stapfen weiter. Ich raffe mich auf, hole Luft und gehe in die Richtung des Turms.
Auf dem Platz vor dem Du-ku gerate ich in eine Ansammlung aufgebrachter Menschen, die einen großen Haushof stürmen. Es müssen Ziegelstreicher sein, Martus aus den Lehmgruben, denn die meisten tragen

das Martukopftuch. Sie schütteln die Fäuste, drängen um den Gebäudeeingang, poltern gegen das Haustor: »Sanga, Menschenschinder, raus mit dir, wir haben mit dir zu reden!«
In dem großen Haus rührt sich nichts, die Tür bleibt geschlossen. Die Männer schauen sich unschlüssig an, stehen herum, einige setzen sich aufs Ziegelpflaster.
Ich will hier weg, steige über Beine und Füße, dränge mich an aufgeregt redenden Gruppen vorbei. Da erscheinen am Hofausgang Bewaffnete. Bogenleute, Lanzenmänner, Ledernacken bilden eine Kette und marschieren auf uns zu. Die Martus sind aufgesprungen, sie haben ihre Messer in der Hand. Ich laufe auf die Kette zu.
»Laßt mich hier weg«, verlange ich. »Ich suche Enank, meinen Bruder!«
»Das kannst du nachher dem Sanga erzählen«, erwidert der Speermann vor mir. Er versetzt mir mit dem stumpfen Ende seiner Waffe einen Stoß gegen die Brust, daß ich zurücktaumle. Es kommt zum Kampf, die Martus stürmen gegen die Ledernacken, wollen die Postenkette durchbrechen, doch die Bewaffneten halten ihnen stand. Neben mir wird ein Mann von einem Pfeil in die Schulter getroffen, er schreit, rammt einem Ledernacken den Kopf in den Bauch. Wir kommen nicht durch, werden Schritt für Schritt zurückgedrängt, weg vom Hofausgang, weg vom Gebäude, bis in den äußersten Hofteil.
»Steckt die Messer weg«, befiehlt der Anführer der

Ledernacken. Er trägt ein Leopardenfell um die Schultern, von seinem Arm läuft Blut. »Steckt die Messer weg, Leute«, wiederholt er, »setzt euch in die Ecke und verhaltet euch friedlich. Wenn der Sanga kommt, wird er euch hören.«
Die Männer lassen sich zögernd nieder. Sie beschauen ihre Wunden, kümmern sich um ihre Kameraden. Ich bleibe aufrecht an der Mauer stehen.
Im Hofausgang zum Du-ku taucht plötzlich der Bär vom Haus des En auf, zwei Ledernacken halten ihn mühsam an der Kette. Mitten im Hof stutzt er, richtet sich zu seiner vollen Größe auf, schnüffelt mit erhobener Schnauze und tappt in unsere Richtung.
»Az, der Menschenfresser«, flüstern die Männer in meiner Nähe. »Er riecht Blut.«
»Macht das Tier am Torring vom Gebäude fest«, ordnet der Leopardenmann an. »Und du«, ruft er mir zu, »warum hockst du nicht unten wie die anderen?«
»Ich will, daß man mich hinausläßt«, erwidere ich. »Ich will zu Enank, der die Meßschnur hat, er ist mein Bruder.»
»Ich habe gesagt: setzt euch! Das war ein Befehl.« Er winkt zwei von seinen Leuten. »Geht zu dem Mann und zeigt's ihm.«
Ich sitze, noch bevor die beiden bei mir sind. Es wird bald glühend heiß auf dem geziegelten Hof, die Luft steht zwischen den Mauern. Die Sonne, das Gestirn des Gottherrn An, reckt uns drohend die Stirn entgegen. Die Waffenleute stehen einer neben dem anderen im

Schatten des Gebäudes. Einer von den Verwundeten verliert viel Blut, seine Brüder versuchen ihm mit ihren Leibern Schatten zu geben. Arbeiter mit ihren Aufsehern durchqueren den Hof, zwischen einigen Leinenröcken entdecke ich plötzlich meinen Bruder. Er redet hastig auf seinen Nebenmann ein, es ist Maten, der Vermesser, glaube ich zu erkennen. Enank, will ich rufen, aber Enank ist zu weit weg, scheint uns gar nicht zu beachten. Nein, ich rufe nicht nach ihm, denn ich schäme mich. Und sicher wäre es umgekehrt auch Enank sehr peinlich, mich, seinen kleinen Bruder, unter den aufsässigen Ziegelstreichern zu sehen.
Der Sanga mit der Rotsteinkette findet sich erst ein, als die Schatten schon wieder länger werden. Er ist allein, kommt langsam über den Hof geschritten und läßt sich von dem Ledernackenführer Bericht erstatten. Dann tritt er vor uns hin. »Ich höre«, verkündet er. »Bringt also vor, was ihr für Beschwerden habt.« Er spricht, ohne seine Stimme zu erheben, hat die Hände auf den Rücken gelegt und schaut uns auffordernd an.
Ein paar Männer richten sich auf. Einer sagt laut: »Es sind die Rationen.«
»Und es ist das Kupfer«, ruft ein anderer dazwischen.
»Einer nach dem anderen«, sagt der Sanga und hebt die Hand. »Was ist mit dem Kupfer, mit euren Rationen?«
»Deswegen sind wir gekommen«, meldet sich ein Mann mit einem tiefen Ratscher auf der Brust. »Wir streichen ständig mehr Ziegel und bekommen täglich weniger dafür.«

Der Sanga wartet. »Nun«, sagt er nach einer Pause, »was ist noch?«
Die Männer gucken sich an. »Sonst ist nichts«, erklären sie, »und bis vor kurzem waren auch die Rationen in Ordnung, so, wie es zwischen uns und dir ausgemacht war. Aber jetzt heißt es: Schafft mehr!«
Der Sangapriester streicht eine Falte an seinem Leinenschurz glatt. »Tatsache ist«, stellt er sachlich fest, »daß jeden Tag weniger Ziegel ausgeliefert werden. Die Ziegelleger, Mattendichter und Erdpechgießer stehen müßig, nur weil ihr nachlässig seid.«
»Aber Sanga«, meldet sich ein Graubart, »es ist so, wie meine Brüder sagen. Ich bin jetzt im vierten Jahr dabei, streiche Ziegel vom Frühjahr bis zum Herbst. Immer war die Arbeit gut, die Rationen stimmten. Aber dieses Jahr ist es anders. Wir bringen mehr Ziegel als je, ich kann das beurteilen. Sogar die Frauen helfen mit aus, anders kämen wir überhaupt nicht zurecht. Trotzdem heißt es: Nicht genug! Ihr schafft nicht euer Soll! Haltet euch gefälligst ran!«
»Also«, bestätigt der Sanga, »ich habe eure Beschwerden vernommen. Was ihr vorbringt, werde ich überprüfen lassen. Aber ihr hattet nicht das Recht, euren Arbeitsplatz zu verlassen.«
Einer springt auf und reckt die Faust. »Doch, das Recht haben wir, Sanga. Wir sind freie Männer, keine Sklaven mit verschnittenen Nasen! Und wenn den Herren unsere Arbeit nicht paßt, packen wir auf, nehmen unsere Esel und brechen die Zelte ab.«

»Das werdet ihr nicht tun«, entgegnet der Sanga kühl. »Ihr steht unter Vertrag. Wir erfüllen unseren Teil, und daß ihr euren einhaltet, dafür werden notfalls die Bogenleute sorgen. Ihr bleibt in eurem Arbeitslager bis zum Herbst, wie es ausgemacht war. Gehorcht euren Aufsehern, schafft Lehm aus den Gruben, streicht eure Ziegel. Übrigens, was ist mit euren Aufsehern? Wo stecken sie?«
Die Männer schweigen trotzig.
»Nun, ihr braucht nicht erst zu antworten«, fährt der Sanga fort. »Ich weiß es ohnehin. Ihr habt sie zusammengeschlagen, gefesselt und in die Lehmgruben geworfen. Ist es nicht so?«
»Wir beschweren uns schon seit Tagen bei ihnen«, bringt ein Mann hervor. »Aber nichts geschieht. Womöglich behalten die Aufseher den Lohn von unserer Mehrarbeit für sich. Da mußten wir selbst für unser Recht sorgen.«
»Es steht euch weder das eine noch das andere zu«, hält ihm der Sanga entgegen. »Verlassen der Arbeitsstelle, Gewaltanwendung gegen eure Aufseher, beides ist strafbar und muß bestraft werden. Die heute verlorene Tagesleistung werdet ihr in den nächsten Tagen nachliefern. Wenn es sein muß mit Nachtschichten, auch für eure Frauen. Zweitens: Die Peitsche hat jeder von euch verdient. Aber ich will eure Arbeitsfähigkeit nicht mindern. Zwei sollen stellvertretend für euch andere die gerechte Strafe erhalten. Ich setze für sie das Gehen-zwischen-zwei-Reihen fest. Bestimmt sie selbst, sondert

zwei von euch zur Strafe aus. Ich warte, bis ihr euch entscheidet, eher kommt ihr nicht weg.«
Ein Leinenrockmann stürzt atemlos auf den Platz und blickt suchend um sich, sieht den Sanga und eilt auf ihn zu. Noch während er sich verbeugt, redet er schon los. Es ist kein Wort zu verstehen, aber der Sanga ruckt den Kopf, fragt zurück, und der Leinenrock weist mit der Hand stadteinwärts, hinunter in die Richtung des Kanals. Der Sanga gibt Befehle, läßt uns stehen und geht an den Ledernacken und ihrem Bären vorbei auf das Haus zu. Die Tür geht auf, ein Diener küßt dem Priester die Füße.
»Du«, frage ich den Mann neben mir, »was meint der Rotsteinmann mit seinem Zwischen-zwei-Reihen-gehen?«
»Wenn du's noch nicht gesehen hast, Bruder«, sagt er leise, »dann sei froh. Du wirst es bald wissen. Es ist so gut wie ein Todesurteil.«
Noch mehr Priester hasten über den Platz, auch Enank erscheint wieder. Ich spanne die Muskeln. Aber mir ist klar, daß ich es nicht bis zu Enank hin schaffe, ohne daß die Wache dazwischenkommt. Ehe er mich sieht und erkennt, bin ich ein toter Mann.
Onager werden jetzt in den Hof getrieben, Diener halten die unruhigen Tiere an ihren Halsstricken. Spannung liegt in der Luft. Die Wachmannschaft verläßt den Hausschatten und bildet unmittelbar vor uns eine Kette. Die Leinenröcke verlassen kurze Zeit später das Gebäude, Enank folgt ihnen auf dem Fuß, ruft etwas

zurück ins Haus, verbeugt sich und eilt mit den anderen zu den Eseln. Sie lassen sich auf die Tiere helfen und traben aus dem Hof. Der Bär richtet sich auf, seine kleinen Augen glitzern. Als letzter tritt der Sanga aus dem Haus und kommt mit kurzen Schritten auf uns zu. »Jetzt wird mir einiges klarer«, sagt er. »Vor der Stadt laufen zwei Schiffe auf Grund, ihr rottet euch zusammen – dafür gibt es nur eine Erklärung: Da gibt es jemand, der unsere Arbeit hintertreibt, Unruhe stiftet! Um so nötiger ist ein abschreckendes Beispiel. Habt ihr zwei Leute ausgesondert? Wo sind sie? Ich warte, aber nicht mehr lange.« Er verschränkt die Arme vor der Brust. »Ich merke, sie sind halsstarrig. Also gut, dann greift euch zwei von den Burschen heraus«, befiehlt er dem Anführer, »und bildet die Doppelreihe! Hier, in Richtung auf die Hauswand zu, am Ende steht der Bär. Los, holt euch irgendeinen. Und den zweiten.«
Jetzt denkt jeder von uns dasselbe: Dich trifft's nicht, erst sind die anderen dran. Aber wenn sie einen haben, glaubt man, es schon vorher gewußt zu haben. So jedenfalls geht es mir in diesem Augenblick. Zitternd stehe ich neben dem Martumann. Er weint laut auf, als er zwischen die Bewaffneten gestoßen wird. Sie prügeln mit den Lanzenenden auf ihn ein, er bricht in die Knie, rutscht weiter, die Hände überm Kopf. Ich halte mir die Augen zu, denke verzweifelt an meine Ma, an Akunga, höre einen Aufschrei, reiße die Hände vom Gesicht und sehe den Mann von einem Tatzenhieb des Bären getroffen zu Boden fliegen.

Hände zerren an mir. »Nun los, nicht so lahm«, schnauzt jemand.
»Nein, wartet«, kommt die Stimme des Sanga dazwischen, »wen habt ihr denn da? Das ist kein Martu. Wie kommt der zwischen die Leute? Ich habe sein Gesicht schon woanders gesehen, er war mit dem Schnurmann aus Ambar. Tut den weg, ich will einen von den Ziegelleuten.«
Ich werde zwischen die Martus geschleudert und bleibe am Boden liegen. Von dort vernehme ich die Schmerzensschreie, das tiefe Atmen der Männer um mich, Wimmern. Dann kommt der Befehl des Sanga: »Nehmt eure beiden Leute und räumt den Platz! Ihr arbeitet weiter im geschlossenen Einsatz. Und denkt daran, eure verlorene Stückzahl holt ihr umgehend wieder auf!«
Ich erinnere mich hinterher nicht, wie ich aus dem Hof komme, den Weg durch die Stadt finde, die Brücke am Kanal. Meine Tränen laufen, aber Weinen ist das nicht, ich schluchze, huste und bin doch wie ohne Leben. Ich suche Akunga bei unserem Boot, sie sieht mich von weitem und rennt auf mich zu. »O Dim, mein armer Bruder-Mann, was ist? Was haben sie mit dir gemacht?«
Erst viel später kann ich erzählen. An diesem Abend liege ich in Akungas Arm und weine. Mir ist so weh wegen Enank. Er sieht nichts, er hört nichts, es berührt ihn nicht, was um ihn geschieht. Er ist einer von den Lehmleuten geworden.

Am Morgen darauf legt ein Schiff mit fertigen Schilf-

matten beim Flechtplatz an und ruft die Männer zum Entladen. »Was soll denn das?« regt einer der Mattenflechter sich auf. »Stimmt was mit unseren Matten nicht, daß ihr sie zurückbringt?«
Der Schiffsführer stochert in seinen Zähnen. »Da müßt ihr nicht mich fragen«, erklärt er. »Ich bekomme meine Befehle. Bring die Matten an den Flechtplatz, lade ungeflochtenes Schilf auf, so hat es geheißen. Jetzt kommt, packt an!«
»Und die Arbeitszeit, die uns damit verlorengeht, unsere Stückzahl, die nicht mehr stimmt?« beschwert sich ein anderer. »Wir rühren das Zeug nicht an«, sagt er mit einem Blick in die Runde.
»So ist es«, pflichten die anderen ihm bei.
»Langsam, Leute«, meint der Schiffsführer, ohne sich aus der Fassung bringen zu lassen. »Ich an eurer Stelle würde die Ladung abpacken, morgen liefert ihr die Matten wieder als Neugut ab, und eure Stückzahl stimmt dreimal. Wie ist das?«
Jetzt lachen wir alle. Der Schiffsführer zwinkert uns zu. »Na, dann legt mal los«, sagt er, »und hinterher Rohschilf aufs Deck!«
Die Männer stoßen Freudenschreie aus, haben im Laufschritt entladen und wieder beladen und hauen sich auf die Schultern, als das Schiff loslegt.
»Freut euch nicht zu früh«, warnt Dodil, »morgen kommt der Schiffsmann und will seinen Anteil am Handel.«
»Macht nichts, macht gar nichts«, antwortet Pakar, »für

uns springt dabei immer noch genug heraus. Und für mich ist heute Schluß, ich tu keinen Handschlag mehr. Wer kommt mit, daß wir uns ein Bier gönnen?«

Wir marschieren Arm in Arm ins Schilfdorf, und ich habe die Männer während der ganzen Tage noch nie so lustig gesehen wie an diesem Morgen.

Als die Sonne im Mittag steht, stolpert plötzlich der Schiffsmann durchs Gelände und ruft nach uns. »Wo steckt ihr bloß?« schnauzt er. »So gut möchte ich's auch mal haben. Aber jetzt auf, Leute, ich brauche noch eine Ladung Schilf, und ich habe meine Zeit auch nicht zu verschenken!«

Die Männer schauen sich mürrisch an, gehen an den Flechtplatz und packen eine zweite Ladung Rohschilf aufs Schiff. »Versteht ihr, was die mit dem ganzen Zeug wollen?« fragt Dodil, als wir dem Schiff nachblicken. »Ich schaue da nicht mehr durch.«

Wir setzen uns auf die halbfertigen Matten und flechten weiter. Nicht eben eilig, aber was sollen wir schon tun, das Bier ist ausgegangen.

»Leute, guckt euch das an«, sagt Akunga plötzlich und zeigt zum Du-ku am anderen Ende der Stadt. Tiefschwarzer Rauch hängt um den Turm, noch mehr dunkler Qualm drängt von unten nach. Das muß unser Schilf sein, genauso sieht es in Ambar aus, wenn die Rohrfelder in der Trockenzeit Feuer fangen. »Jetzt verstehe ich gar nichts mehr«, brummt Don, ein Mattenflechter, aus dem sonst kein Wort herauszukriegen ist. »Wenn die das noch ein paarmal machen, ist unser Schilf

zu Ende und es ist aus mit dem Mattenflechten. Und was dann, könnt ihr mir das mal sagen?«
Ehe jemand antworten kann, taucht unser Schiff wieder auf.
»Los, Leute«, sagt Dodil, »wir arbeiten vor und packen schon mal die nächste Ladung ans Ufer. Wir können's ja doch nicht ändern.«
Inzwischen ist es Nachmittag und sengend heiß. Mein Bein will nicht mehr, ich setze mich auf meine Matte und arbeite weiter. Akunga kniet sich zu mir. »Ich mache da nicht mehr mit«, sagt sie böse. »Da kommt einer, sagt, mach dies, mach das, und ganz schnell muß alles gehen. Auch wenn du nicht die geringste Ahnung hast, wofür du dich abschaffst.«
Das Schiff hält tatsächlich auf unseren Uferplatz zu. Der Schiffsführer brüllt Befehle, die wir auf den Matten nur halb verstehen. Aber unsere Leute stehen wie vor den Kopf geschlagen.
Akunga sieht mich an, wir stehen auf und gehen zu den Männern. Ihre Flüche sind unbeschreiblich. »Den ganzen Stapel Matten von heute früh wieder aufladen?« brüllt Dodil und spuckt auf den Boden.
»Ja, ja«, antwortet der Schiffsmann ungerührt, »und ich habe eine Tontafel, hier, Leute, darauf steht es, die Zahl heißt dreihundertsechsundvierzig. Kein Stück darf fehlen. Los, macht schon, ich zähle mit.«
»Befehl von oben«, spottet Akunga, »komm, Dim, wir suchen uns was Besseres zu tun.«
»O nein«, schreit Dodil hinter uns her, »ihr könnt ruhig

mit anpacken, wenn wir schon unseren Eß- und Schlafplatz mit euch teilen!«
Akunga macht ein grimmiges Gesicht und kehrt auf der Stelle um. Wir schaffen verbissen, bis alle dreihundertsechsundvierzig Matten wieder verladen sind. »Den ganzen Tag verloren«, sagt Bakan bitter, »unsere Stückzahl ist in die Binsen, und dafür wird uns bestimmt auch noch die Ration gekürzt.«
Als wir zu den Schilfhütten gehen, kommt Dodil zu uns, faßt Akunga und mich um die Schultern und entschuldigt sich. »Es war nicht so gemeint«, sagt er müde. »Ihr könnt bei mir bleiben, solange ihr wollt. Aber ich an eurer Stelle würde eher heute als morgen verschwinden. Für mich ist es zu spät, meine Haare sind grau und ich weiß nicht mehr, wie ich in Ambar leben soll. So ist das, wenn man die Stadt erst mal gewöhnt ist.«
Ich schlafe nicht gut in dieser Nacht. Mir ist kühl, und Akungas Schlafplatz unter ihrem Gewandtuch ist leer. Vielleicht ist sie hinters Haus gegangen, sich zu erleichtern. Ich liege und warte und schicke meine Gedanken ins Schilfland. Lugins Bild taucht vor mir auf, ich setze mich zu ihr, und wir knüpfen eine Schnurfigur. Doch die Fäden geraten durcheinander. Ich suche das Gesicht meiner Ma, denke an unser Hausinseldorf. Aber die Bilder bleiben blaß, unwirklich fern, ohne Leben. Ambar ist nur noch ein Wort in meinem Kopf, denke ich bedrückt, wie es Kullab damals für mich im Wasserland war. Wo Akunga nur bleibt? Ich werde jetzt unruhig, schüttele die Müdigkeit von mir und gehe leise durch die

Nacht, rufe halblaut Akungas Namen. Es ist völlig dunkel zwischen den Schilfhäusern, nur die Milchschlange der Großen Mutter und ihre Sterne geben Licht. Es ist die letzte Nacht des kranken Mondes, Dunkelmondnacht.
Ich taste mich bis zu unserem Bootsplatz. Da vernehme ich gedämpfte Laute, leisen Sprechgesang, erkenne Akungas Stimme: »Ich mache mich fruchtbar, beschwöre mich selbst, Kuh mit Kalb, Gazelle mit Kitz, ich lasse Reinigungswasser fließen, öffne mir den Schoß, wasche mir die Brüste für mein Kind!«
Ich erstarre und bedecke hastig die Ohren, denn die Beschwörungen der Großen Mutter, deren Kraft im Wasser wohnt, dulden keinen Mann als Zeugen.
Dann erkenne ich Akungas Schatten und gehe langsam auf sie zu. »Jede Nacht träume ich um mein Kind«, schluchzt sie, »und Enank bleibt aus und kommt nicht.«
Ich halte Akunga umschlungen, sie zittert, und ich drücke ihren Kopf an mich. »Akunga, meine Frau«, sage ich, »morgen früh gehe ich zu ihm, gleich wenn der Tag anbricht. Diesmal muß Enank sich entscheiden, ob er noch mein Bruder sein will.«
Akunga erschrickt. »Nein, Dim, nein, sage das nicht, niemals wieder, hörst du!« Sie weint. »Schwöre bei der Mutter!«
»Ich schwöre es nicht«, sage ich voll Zorn. »Mein Bruder verdankt mir sein Leben, ich habe ihn von der Mutter wiedergebracht. Er muß auf mich hören und kommen, oder er ist für mich vergessen wie ein Toter, der das

Licht nicht mehr hat. Komm, wir gehen zu unserem Schlafplatz, morgen wird vielleicht alles gut. Oder wir fahren ohne Enank zurück und sind in ein paar Tagen wieder in unserem Hausinseldorf.«

Beim ersten Graulicht gehe ich los. Ein gelbroter Hund schnüffelt mir nach, in den Hausecken der Stadt sehe ich Kinder unter Abfällen schlafen. Die Mauern der Gassen entlang klingt das Tappen meiner Füße. Die Straßen liegen verlassen, Märkte und Plätze sind leer. Aber vom Du-ku dringen Rufe, Befehle. Musikinstrumente tönen dazwischen, und ich höre die Stimmen vieler Menschen. Auf dem Opferplatz vor den Bauhäusern hocken Arbeiter mit Körben und Hacken, Aufseher stehen herum, Leute drängeln sich. Es riecht scharf nach verbranntem Schilf, schwarze Asche stäubt im Wind. In der Mitte vom Platz warten Leinenrockmänner und halten fromm die Hände vor die Brust. Neben dem Sangapriester entdecke ich meinen Bruder.

Auch Enank bemerkt mich. Er bedeutet mir durch Handzeichen, daß ich stehenbleiben soll, und weist mit dem Kinn zu dem Steintisch bei den Priestern. Ich drängele mich auf Zehenspitzen durch die Menge und stelle mich hinter Enank.

Vor dem Steintisch steht ein Riese von Mann. Er trägt die Brust bloß, seine Hüften sind mit einem netzartigen Rock umschlungen. Seine Stimme dröhnt über die Köpfe der Menge, er breitet die Hände aus, reckt die Arme in den Himmel und ruft: »Anwesend ist Ur-Mach, der Herr von Kullab. Versammelt sind die

Reihen der Menschen zur Opferschau. Findet euch ein, ihr Götter der Menschensprache!«
Auf seinen Wink zerren die weißberockten Priester ein Schaf auf den Steintisch, pressen dem Tier den Kopf ins Genick und schneiden ihm die Gurgel durch. Blut fließt, ein Priester öffnet den Bauch und hebt die Innereien heraus. Ur-Mach beugt sich prüfend darüber, dann schreitet er, gefolgt von den Leinenröcken, zum Fuß des Du-ku. Ich mache den Hals lang, um zu sehen. Der Herr von Kullab befeuchtet einen Rahmen, füllt Lehm hinein, streicht ihn andächtig glatt und klopft den fertigen Ziegel aus der Form. Enank flüstert mir über seine Schulter zu: »Das ist der geheiligte Ziegel für den neuen Tag, die Priester tragen ihn nach oben auf die Baustelle.«
Feuer züngelt, Rauch quillt. Die Instrumente steigern sich, Pauken, Flöten und Saiten grüßen die aufgehende Sonne. Ihre ersten Strahlen tauchen die Höhe des Turmes in gleißendes Licht. Die Priester reichen dem Herrn von Kullab Handwasser, und Ur-Mach hebt abermals die Arme und ruft: »Berg, bette dein Haupt an die Sonne! Stoße an das Gewölbe des Himmels! Mache die Götter fest in unserer Stadt!«
Ur-Mach winkt den Aufsehern. Die ordnen ihre Leute und lassen sie Korb und Hacke schultern. Enank legt mir den Arm um die Hüfte und sagt: »Es ist schön, daß du heute hier dabei bist und das miterleben kannst!«
»Enank, du mußt hören, was ich dir zu sagen habe«, sage ich und stottere, denn ich kann vor lauter Aufre-

gung kaum sprechen. Dabei habe ich mir meine Worte die ganze Nacht überlegt, ich habe sie mir unaufhörlich vorgesagt, auch noch eben auf dem Weg durch die Stadt. Jetzt aber stehe ich vor ihm und bringe es einfach nicht über mich, Enank zu sagen: Du bist mein Bruder nicht mehr! Und doch muß ich es ihm sagen, wenn er nicht mit mir zum Flechtplatz kommt, um Akunga in sein Haus zu holen.

Aber ehe ich weiterreden kann, sagt Enank: »Warte mal. Ich glaube, Ur-Mach will zu uns sprechen! Gleich können wir dann reden, Dim.«

Ich bekomme nicht viel davon mit, was der Netzrock zu sagen hat. Mir bleiben nur einzelne Satzfetzen im Gedächtnis: Die Wankenden und Halben in unseren Reihen wieder geradestellen, den nötigen Kampfgeist zeigen, wir sind wenige inmitten vieler Feinde, laßt unser großes Werk nicht im Stich!

Die Leute lauschen gebannt, unterbrechen immer wieder mit Beifall, die Arbeiter schwingen ihre Hacken, stoßen Freudenschreie aus und brüllen in Sprechchören: »Freund der Götter! Freund des An!«

Die Menge drängt sich, viele sind in einem Taumel der Verzückung. »Schart euch um den heiligen Berg«, schreit der Netzrock. »Wir wollen uns einen Namen machen unter den Niemandsvölkern!«

»Schau, Dim«, sagt Enank hingerissen, »das ganze Volk erhebt sich, alle marschieren unter einem Ruf und Ziel.«

Ein freudiger, festlicher Ausdruck liegt auf Enanks

Gesicht. Aber auf der Stirn des Sanga-Priesters stehen Sorgenfalten. Auch die Ledernacken, die um ihn sind, verharren unbeweglich. Sie sind Männer ohne Lachen. Ur-Mach wird ein goldschwerer Keulenstab gereicht, er hält ihn feierlich in die Höhe, hebt sich auf seine Zehen und segnet das Volk: »Alle Welt fürchte den Götterberg Kullabs, ihn scheue, was zwischen den Weltecken wohnt. Auf, Volk des An, betet und bringt Ziegel.«
»Das hat gut getan«, sagt Enank dankbar und verbeugt sich in die Richtung des En. »Wenn jeder sich beteiligt weiß, werden Befehle überflüssig.«
Ich kann das alles nicht mehr hören. »Enank«, sage ich aufgebracht, »du bist nicht gekommen! Akunga wartet auf dich, und du läßt sie sitzen.«
Enank sieht mich groß an. »Sag doch was«, verlange ich. Er kehrt langsam zurück aus seiner Verklärung, und ich merke, daß er verwirrt ist, beleidigt, beides zugleich. »Dim«, sagt er in vorwurfsvollem Ton, »du hast ja keine Ahnung, was hier los war. Alles ging drunter und drüber. Die Ziegelstreicher legten die Arbeit nieder, irgendein Dummkerl hatte ihre Abrechnung durcheinander gebracht. Die Händler sahen, daß Unruhe in der Stadt war, hielten Getreide zurück und lieferten zu wenig für die Arbeitsrationen. Und gestern schickt einer den Flechtern die ganzen Baumatten zurück! Glaub mir, ich wußte nicht mehr, wo mir der Kopf stand. Und was tun die Leute auf dem Flechtplatz? Die liefern uns ganze Schiffsladungen an Rohschilf! Was sollten wir mit dem Zeug? Wir mußten es verbrennen, mit dem Rück-

transport hätten wir noch mehr Arbeitszeit verloren. Und das schlimmste kommt noch! Im Hauptkanal zum Idgin-Fluß liegen zwei Erdpechschiffe mit voller Ladung fest. Und wir brauchen das Pech hier, dringend, sonst ist Schluß mit dem Bau. Später im Jahr, wenn erst die Hitze kommt, ist der Asphalt nicht mehr transportfähig. Kannst du dir denken, was das für mich heißt? Unser ganzer Materialnachschub war ins Stocken geraten, ich war verzweifelt. Aber du hast Ur-Mach, unseren En, gehört. Das war das richtige Wort zur rechten Zeit, jetzt kann es wieder weitergehen.«

»Und was ist mit Akunga?« frage ich. »Du wolltest sie holen, du hattest es zugesagt!«

Enank sieht mich an, als sei ihm plötzlich eine Erleuchtung gekommen. »Du bist mein Bruder«, sagt er ernst. »Ich kann meine Augen nicht überall haben, und jetzt komme ich vom Bau nicht fort. Dim, geh du für mich, guck nach, was mit unseren Asphaltschiffen los ist. Tu es mir zuliebe!« Er zieht mich fast gewaltsam mit sich. »Ich sage dem Aufseher Bescheid«, erklärt er, »die Wasserarbeiter gehen gerade an Bord.«

»Verdammt«, schreie ich ihn an und reiße mich los, »such dir einen anderen Bruder, ich mag es nicht mehr sein. Nicht, wenn du das mit Akunga nicht ins reine bringst. Faß an deinen Kopf, fühl die Narbe. Du schuldest mir etwas. Aber was tust du? Nicht einmal dein Versprechen hältst du!«

Enank hält mühsam sein Gesicht zusammen, ich kann ihm ansehen, was in ihm vorgeht. Aber dann sagt er sehr

ruhig: »Bruder, ich schwöre dir: Wenn du mit dem Schiff gehst, kümmere ich mich um Akunga. Ich schwöre es bei der Großen Mutter, zwischen deren Händen mein Leben ist!«
Ich komme mir vor wie in einer Falle. Aber niemand im Wasserland tut diesen Schwur, wenn er nicht wirklich sein Leben verpfändet. Enank meint es ernst. »Gut«, entscheide ich mich, »dann soll es sein. Bring mich zum Schiff, auch wenn ich nicht weiß, was ich da soll.«
»Nur die Augen offen halten«, flüstert Enank mir zu. »Die Fragen hinterher stelle ich. Aber irgend jemand hat Böses im Sinn und wühlt gegen uns. Wir müssen herauskriegen, wer da seine Finger im Spiel hat. Darum fährst du mit. Vielleicht fällt dir etwas auf! Du bist mein Bruder, auf dich kann ich mich verlassen.«

Also bin ich an Bord. »Nimm den hier noch mit«, hat Enank dem Aufseher gesagt, einfach so, mehr nicht, und der Mann fragt nicht einmal nach meinem Namen. Die Schiffsleute wuchten die Riesenruder, bis sie Segel setzen können und auf Kullabs östlichen Kanal Fahrt gewinnen. Unsere Richtung ist Süden.
Die Männer auf dem Schiff kennen einander kaum mit Namen, wahrscheinlich sind sie von verschiedenen Arbeitsstellen zu diesem Einsatz abgezogen worden. Auf den Ellbogen gestützt liege ich zwischen ihnen, Gespräche gehen hin und her, aber ich bin nicht zum Reden aufgelegt. Ich mache mir Vorwürfe, daß ich Enank zu schnell nachgegeben habe. Du hättest

Akunga nicht allein lassen dürfen, halte ich mir vor und frage mich jetzt, ob mich mein Bruder nicht einfach aus den Augen haben wollte. Nein, das kann ich mir trotz allem nicht vorstellen. Aber vielleicht gesteht es sich Enank selbst nicht ein, daß er mich los sein will, weil ich ihn zu sehr wegen Akunga bedränge? Jedenfalls kann ich nicht sehen, wie ich meinem Bruder hier unter den Leuten von Nutzen sein soll, und mir ist überhaupt nicht klar, was er eigentlich von mir erwartet.

Wir segeln an einem Arbeitstrupp vorbei, der auf dem Treidelpfad am Uferdamm unterwegs ist und wohl auch zur Unglücksstelle will. Als es Mittag wird, drängen wir uns im Schiffsbug. Die festgefahrenen Lastschiffe sperren den Kanal und stauen ihn über seine ganze Breite. Das Wasser hat die Dämme überflutet, ein See hat sich gebildet. »Macht eure Spaten, Hacken und die Tragkörbe fertig«, befiehlt Papursag, der Aufseher. Ich melde mich bei ihm und frage nach Arbeitsgerät.

»Du sprichst wie die Leute in Ambar«, sagt er, »ich höre es am Tonfall. Und du bist ein junger, kräftiger Bursche. Also, du marschierst gleich los, sobald wir angelegt haben. Mit ein paar Leuten, die ich dir aussuche. Ihr seht zu, daß ihr von der Fracht soviel bergt, wie ihr könnt. Hier, siehst du, da schwimmt so ein Erdpechbrocken. Nehmt genug Körbe mit.«

Ich mache ein verdutztes Gesicht und will etwas einwenden, aber der Aufseher winkt ab. »Ich weiß, was du sagen willst, aber jeder fängt mal klein an. Du gehst mit den Leuten hinter dem Stau den Damm entlang. Beim

Zurückkommen sammelt ihr ein. Sieh zu, daß die Leute nicht unnötige Wege machen und Zeit vertun. Aber du sollst sie auch nicht hetzen. Den Stau aufmachen, das wird ein hartes Stück Arbeit, da dürfen sich die Männer nicht gleich müde schinden.«

Während der nächsten Tage stecke ich wie alle anderen Männer in den Wassergräben. Wir durchstechen einen der beiden Dämme, das Wasser verläuft sich, aber die beiden Schiffe lassen sich nicht heben. Sie liegen quer im Wasserbett und haben sich vollgesogen mit Schlamm. Papursag beschließt, dem Kanal ein neues Bett auszuheben, das die Wracks umgeht. Großschiffe aus der Stadt bringen Essensrationen und laden die zusammengetragenen Erdpechklumpen auf. Unser Essen ist reichlich, Bier, Knoblauch, Zwiebeln, Fisch und Pfannenbrot. Auch manche mir fremde Dinge sind darunter, Sesamöl, Kapern und Rosinen. Es geht uns gut. Wir arbeiten hart und willig, die Aufseher müssen niemand antreiben. Ich lerne meine Arbeitskameraden kennen und atme auf. Hier unter freiem Himmel, zwischen Schilfrohr und Wasser fühle ich mich fast wie im Wasserland. Ich komme wieder zur Ruhe. Diesmal wird Enank sein Versprechen halten, sage ich mir. Er holt Akunga zu sich, und vielleicht bleibt sie dann sogar ganz bei ihm. Aber ich? Wohin soll ich mit mir? Ich stelle mir vor, wie ich allein im Boot nach Ambar stake, wieder bei meiner Ma wohne und alles wieder so sein wird wie früher. Aber es wird mir wehtun, nicht mehr bei Akunga zu sein.

Manchmal sitze ich abends da und betrachte ihre Keramikkette. Perle für Perle beschaue ich mir, sehe uns zusammen im Boot, in der Wurzelhöhle, denke an den erschlagenen Hirtenjungen, höre Akunga nach mir rufen und weiß: Nichts wird sein wie es einmal war, wenn ich fort von ihr bin.
Beim Einschlafen denke ich zuletzt an sie, schließe die Augen, und ihr Gesicht ist da, ich rieche ihren Atem und schicke meine Gedanken zu ihr. Meine Haut ist leer ohne ihre Berührung, ich sehne mich nach ihrer Hand, die mich streichelt. Ich vermisse sie so sehr.
Aber wenn Akunga bei Enank in Kullab bleiben wird, muß ich fort. Ich neide sie meinem Bruder nicht. Aber ich kann nicht im Lehmland leben, fern von den Händen der Mutterfrau, deren Haus unter den Inseln in der Stadt für mich unerreichbar ist.
Ich bin froh, daß mir tagsüber keine Zeit bleibt, meinen Gedanken nachzuhängen, Fuß an Fuß wühlen wir uns durch die Erde und plagen uns mit dem nassen Lehm. Das Bett für den Umgehungskanal ist erst zu einem Drittel ausgeschachtet und mit Uferdämmen befestigt. Papursag hat mich zu den Korbträgern gesteckt, und die ungewohnte Arbeit ist hart für mich. Ich trage mir den Rücken wund und denke auch kaum noch daran, wozu mich Enank hierher geschickt hat. Er schien zu argwöhnen, daß die beiden Erdpechschiffe absichtlich auf Grund gesetzt worden seien und daß jemand seine Planung böswillig hintertreibt. Aber wie stellt er sich das vor? Ich jedenfalls kann nichts Ungewöhnliches entdek-

ken. Die Tage verlaufen im Gleichmaß der Arbeit, bis abends das messerscharfe Horn des jungen Mondes hoch im Südpunkt steht, und auch die Nächte sind ruhig. Am vierten Neumondtag trifft zugleich mit dem täglichen Versorgungsschiff das Großschiff von Ur-Mach an der Staustelle ein. Ur-Mach, der En der Stadt, geht mit seinen Ledernacken von Bord, und unsere Aufseher werfen sich vor ihm nieder und küssen seine Füße.

»Es ist die Jahresjagd des En, zu Ehren des Gottherrn«, flüstert der Mann, neben dem ich meine Nase in den Lehm stecke, um Ur-Mach Achtung zu erweisen. »Ich war einmal mit bei den Jagdtreibern«, erklärt mein Nachbar leise, »Junge, das ist ein anderes Leben als hier im Schlamm zu stecken!«

Holzverschläge werden abgeladen, Onager trippeln an Land, Korbleute stapeln am Damm das Gepäck. Ur-Mach läßt sich von Papursag über den Stand der Arbeiten unterrichten. Ich entdecke bei den Verschlägen plötzlich Subaba, den Tierpfleger des En, und winke ihm verstohlen zu. Der Alte erkennt mich zuerst nicht, dann ruft er: »Komm her, faß mit an. Du kannst gleich hierbleiben, der En braucht noch mehr von euch Leuten, wir haben nicht genug Treiber.«

Ich traue mich nicht, meinen Korb loszulassen, doch der Tierpfleger lacht: »Na komm schon!« Er humpelt zu dem nächsten Graben, mustert die Leute und sondert ungefähr zwanzig Männer aus, die kräftigsten, die er unter den Erdarbeitern findet. Papursag, unser Aufseher, kraust sorgenvoll seine Stirn und wendet sich an den En, aber der winkt ab. Als wir losmarschieren, folgen uns neidische Blicke. Subaba kommt an meine Seite. »Du bist doch der Bursche aus Ambarland, von der Großen Mutter haben wir gesprochen, so war es doch?« fragt er mich. »War das nicht, als ich den Leopard in der Grube hatte? Ein schönes Tier, selten schön.«

»Ist er nicht mehr in dem Loch?« frage ich den Tierpfleger. Der Alte betrachtet mich erstaunt. »Eigentlich hast du ja recht«, meint er dann. »Schade um so ein Tier! Aber so sind sie eben, Kullabs neue Götter. Leoparden gehen an Innin, die jetzt unsere Gottherrin ist.«

»Was ist mit eurer Innin, was macht sie mit den Leoparden?« frage ich.

»Der Leopard ist ihr Tier«, antwortet Subaba, »wie bei der Großen Mutter, genauso. Nur reitet sie nicht darauf. Unsere Gottfrau trinkt sein Blut, davon wird sie stark. Also, du mußt nicht dein Gesicht verziehen, Junge, unsere Priester glauben daran.«

»Wir töten der Großen Mutter kein Tier«, entgegne ich, »und sie verlangt auch sonst keine Speise von uns.«

»Aber unsere Götter, die wollen einen vollen Tisch«, erklärt mir der Tierpfleger. »Sie ernähren sich von unserem Essen, von Fleisch, von Bier, von Öl, Brot und Käse, von allem das Beste. Wir versorgen sie reichlich mit jedem. Dafür wohnen sie schließlich in der Stadt. Was meinst du denn, warum der En so scharf ist auf seinen Du-ku? Er lädt die Herrschaften ein, dort Platz zu nehmen, und stellt ihnen ihre Bilder in die Stadt, damit sie in Kullab seßhaft werden. Er lockt sie in die Falle, ganz einfach. Früher hockten sie hinter den Himmelsrändern, irgendwo im Gebirge, keiner wußte genau wo. Jetzt lassen sie sich bei uns nieder, werden betan und bedient, und das gefällt ihnen, wie du dir wohl denken kannst. Und das Land fährt nicht schlecht dabei. Den Göttern geht's gut in Kullab, sie wollen nicht wieder weg, also tun sie was für die Stadt. Sie machen Kullab mächtig und groß, zur Mitte zwischen den Weltecken. Und genau darum geht es letzten Endes bei der ganzen Sache, verstehst du das?«

Ja, ich begreife, plötzlich wird mir alles klar. Sibar hatte recht: Die Männer von Kullab werfen das Fangnetz über Himmel und Erde, bis ihnen zuletzt alles gehört. Und sie sind geplagt von Angst, daß ihnen jemand dazwischen kommt. Deswegen sperren sie ihre Götter in Bilder ein, deswegen bauen sie den Turm. Der Du-ku ist ihre Botschaft an die vier Weltecken: Wir sind die Beschützer derer, die sich uns unterwerfen!

Enank begeistert sich an Zahlen und redet von Messen und Forschen, aber dem Netzrock, seinen Priestern und Ledernacken geht es um Herrschaft. Sie schicken ihre Schiffe durch unsere Wasserdörfer, rauben Büffel, verschleppen die Menschen und decken mit dem Schatten ihres Du-ku alle Länder zu. Könnte ich doch mit Ambarleuten über das alles reden, wären nur Sibar oder Temar da. Wenn die Leute von Kullab ihren Turm erst fertig haben, sind wir verloren. Nichts mehr wird in Ambar bleiben, wie es einmal war. Das Schilfland verdorrt, das Summen der Goldfliegen um die Rispelsträucher verstummt, der Kranich bleibt aus, die Binsenmatten im Haus der Mutter liegen leer, und die Seelenkinder Ambars finden ihren Weg in die Träume nicht mehr. Blind vor Tränen versuche ich mit dem Jagdgefolge des En Schritt zu halten. Mein Bein schmerzt wieder sehr. Ich setze einen Fuß vor den andern und nehme kaum wahr, wie das Feuchtland langsam in die Busch- und Grassteppe überwechselt.

Abends wird dem En ein Haarhaus unter den Akazien aufgeschlagen. Wir anderen sitzen unter freiem Himmel, essen, ruhen uns aus und dösen. Ich bin in Gedanken noch immer bei meinem Gespräch mit Subaba und fühle mich schlecht. Hätte ich wenigstens eine Fingerschnur, dann könnte ich mich bei der Mutterfrau trösten, zwischen deren Händen unser Leben ist.

Subaba kauert neben mir und säubert sich die Zähne. »Hast du von den Leuten gehört, die neulich ihre Arbeit niederlegten?« frage ich ihn. »Es waren Martus aus den Lehmgruben. Du hast doch auch einen Martu-Namen. Zwei von ihnen hat der Sanga-Priester halbtot prügeln lassen. Hast du sie gekannt? Der Sanga sprach von Unruhestiftern, die dahinterstecken sollen.«

»Ich kenne die Leute aus den Lehmgruben nicht«, erklärt Subaba, »das sind Martus von den Yachmadu-Sippen. Aber einer der Ledernacken hat mir von der Sache erzählt. Der Sanga sprach wirklich von Unruhestiftern?«

»Ja«, bestätige ich, »und ich habe gesehen, wie seine Ledernacken die beiden Leute zugerichtet haben.«
»Der Sanga sieht Gespenster«, sagt Subaba und spuckt aus. »Der macht sich und die Leute am Bau völlig verrückt mit seinem Turm. Sobald was nicht nach seinem Kopf geht, wittert er gleich eine Verschwörung.«
»Und wie siehst du das?« frage ich.
»Ich höre so manches«, antwortet er, »und ich mache mir meine eigenen Gedanken.« Er blickt um sich, rutscht näher und sagt hinter vorgehaltener Hand: »Wenn du mich fragst, wächst der Du-ku den Leuten über den Kopf, verstehst du? Sie kommen mit der Planung wohl nicht nach, zu viele Leute reden da mit. Die Sache ist einfach eine Nummer zu groß. Und wenn dann was danebengeht, muß eben ein Sündenbock her. Aber das sagst du besser nicht zu laut.«
Inzwischen ist es dämmerig geworden. Subaba wirft Holz ins Feuer und polstert eine Schlafkuhle mit Laub und Gras. Aus dem Zelt von Ur-Mach dringen ausgelassene Stimmen. Seine Waffenleute tragen Bogenwettkämpfe aus, und ich bewundere widerwillig ihre Fertigkeit. Sie nehmen in einem Kreis von Schrittgröße Aufstellung, schießen in schneller Folge mehrere Pfeile senkrecht über sich in die Luft, und wer hinterher die meisten davon wieder in seinem Ring stecken hat, ist Sieger. Ich habe dabei jedesmal das Gefühl, als müßten die Pfeile den Bogenspannern unweigerlich ins Fleisch fahren. Mein Nacken kribbelt schon vom bloßen Zusehen.

Aber keiner der Leute ritzt sich auch nur, und sie setzen ihr Spiel noch beim Feuerschein in der Dunkelheit fort.
Im Graulicht des Tages zieht die Treiberkette durch die Steppe, die Jagd beginnt. Die Onager sind unruhig, traben und fallen zwischendurch in Galopp. Im Lauf des Vormittags werden zwei Löwenmänner in Fangnetzen herbeigeschleppt, den Treibern steht die nackte Angst im Gesicht.
»Nur langsam, Leute«, meint der Tierpfleger gemächlich, »wir kriegen sie in die Verschläge, dann nehmt ihr die Kisten und tragt sie dahinten unter die Bäume, zum Wasserloch, ein Stück weg vom Lager. Die Nähe von uns Zweibeinern macht die Tiere unruhig.«
Kaum haben wir die Löwen bei der Wasserstelle, erscheint schon Ur-Mach und hetzt die Träger weiter.
»Recht hat er, unser großer Jäger«, stellt der Alte fest. »In zwei Tagen muß das hier zu Ende sein, wenn wir die Tiere am Leben halten wollen. Fünf Tage halten sie durch, aber dann müssen wir sie in den Gruben haben, in den Kisten nehmen sie kein Fressen an.« Er weist mich an, ihre Pfoten mit Wasser zu besprengen. »So bekommen sie wenigstens etwas Feuchtigkeit«, erklärt er mir.
Am nächsten Tag verlegt Ur-Mach das Jagdlager tiefer in die Steppe. Die Träger haben schwer an den Verschlägen für die Tiere zu schleppen. An einem Wasserloch im Grasland liegen Dutzende Kadaver verstreut. Wölfe, Hyänen, junge Löwenkinder, viele Füchse, drei,

vier Tiger, Leoparden. Aasvögel reißen in den Gedärmen.
»Ur-Mach räumt auf«, sagt Subaba, »der Mann ist wirklich ein großer Jäger vor dem Herrn. Die Leute im Lehmland wissen, was sie an ihm haben. Sie gehen gemächlich hinter ihren Ochsen, schwingen ihre Hakken und haben Ruhe vor dem Raubtiergesindel, das früher ihre Felder unsicher machte.«
Zwei Tage darauf sind wir zurück am Schiff. Subaba runzelt die Stirn und seufzt, als die Tierkäfige endlich auf dem Deck festgemacht sind. »Höchste Zeit«, sagt er, »unsere Schützlinge sehen nicht so aus, als könnten sie noch viel vertragen.«
Ich schlucke. In den letzten Tagen bin ich das würgende Gefühl im Hals nicht losgeworden, den Ekel vor dem Blutgeruch, der uns ständig wie eine Wolke begleitet. Aber ich bin froh, daß der Tierpfleger beim En um einen Platz für mich auf dem Schiff vorspricht. »Der Junge hat die richtigen Hände«, höre ich den Alten sagen, »und allein bringe ich die Tiere nicht durch.«
Ur-Mach nickt und gibt seine Einwilligung. Und so hocke ich während der Fahrt an den Verschlägen, benetze den Tieren die Pfoten, versuche ihnen Fleischhappen anzubieten, lege Matten gegen die Sonne über ihre Käfige und lese von ihrer Haut die Zecken ab.
In meinen Gedanken bin ich schon weit voraus in Kullab, bei Akunga, bei Enank, meinem Bruder. Aber je näher wir der Stadt kommen, deren Turm bald unübersehbar am Himmelssaum steht, desto übler fühle

ich mich. Mein Inneres verlangt nach der Wasserlandmutter, ich frage nach ihr in meinen Gedanken: Warum hast du mich verlassen? Ich rufe, und du antwortest nicht. Die Angst gibt mir keine Ruhe, warum muß ich so traurig gehen? Habe Mitleid, hilf mir.
Doch ich finde die Mutter nicht, mein Atem wird nicht eins mit ihr. Ich fühle mich mutlos, und Kullabs Du-ku rückt immer näher. Schon streift sein Schatten unser Schiff. Mich fröstelt. Stumm rufe ich die namenlose Gottheit an, deren Schutz mich Sibar befahl.
Lastträger vom Hafen, Leute mit verschnittenen Nasen, schleppen keuchend die Verschläge durch die Stadt bis zu den Gruben des En unter den Tamarisken. »Hockt euch in den Schatten und verschnauft«, sagt Subaba, »die Tiere müssen erst zur Ruhe kommen. Wir bringen sie später aus den Kisten in ihre Gruben.«
Ich verabschiede mich. »Sieht man dich mal wieder?« erkundigt sich Subaba.
»Ich weiß nicht«, antworte ich, »ich möchte bald hier weg.«
»Ab ins Mutterland, heim zur Ma, was?« sagt er. »Spuck für mich ins Wasser, wenn du bei ihrer Insel bist. Unsere Spucke ist sich gleich.«
Ich muß lachen. »Ja«, sage ich, »und das werde ich bestimmt auch tun!« Im Vorbeigehen bücke ich mich zu einem Leopardenweibchen. Sie schaut mich mit ihren traurigen Frauenaugen an, und ich greife ihr mit den Fingerspitzen sacht unters Ohr und kraule sie. Sie schließt halb die Lider und schnurrt leise.

Ich laufe durch den Tamariskenhain, komme an die Häuser am Versorgungskanal, springe ins Wasser und schwimme gleich auf den Flechtplatz zu. Ich wundere mich, daß ich niemanden arbeiten sehe, denn es ist noch lange nicht Abend. Ich reibe mich trocken und renne hinüber zu den Schilfhäusern.

»Dim, Dim«, schreit Akunga, noch ehe ich sie entdeckt habe, läuft mir entgegen und umarmt mich heftig. »Mein Mann, du bist wieder da. Ich dachte schon, was habe ich mir nur ins Haus geholt, erst läßt mich der eine sitzen, dann der andere auch.«

»Aber ist Enank denn nicht dagewesen?« erkundige ich mich entgeistert. »Er muß dir doch Bescheid gesagt haben, wo ich bin.«

»Ein Bote kam«, erklärt Akunga, »ja, kaum daß du fort warst. Du seist für Enank unterwegs, ich solle meine Sachen packen und zu seinem Schlafplatz tragen. Mehr wußte ich nicht.«

»Du warst also bei ihm«, sage ich erleichtert. »Oh, Akunga, ist alles wieder gut zwischen euch?«

»Ich bin nicht gegangen«, antwortet sie ruhig. »Ich habe dem Boten aufgetragen: Antworte Enank, er soll selber kommen!«

»Und er war nicht bei dir? Die ganzen Tage nicht? Und er hat es doch versprochen, nein, bei der Mutter hat er geschworen, daß er sich um dich kümmert, wenn ich fort bin. Sonst wäre ich nicht gegangen! Akunga«, dränge ich, »wir haben hier nichts mehr verloren, wir nehmen unser Boot und fahren. Ich will diesen Mann, der mal mein Bruder war, nicht mehr sehen. Du gehst auf die Insel zu Sibar, und ihr fragt die Mutter, was jetzt mit deinem Traum werden soll, mit deinem Kind, das Enank im Stich läßt.«

Akunga schaut mich unschlüssig an. Sie steht da, blickt zur Seite und sagt langsam: »Also gut, komm, wir sehen nach unseren Sachen, nach dem Boot, und morgen sind wir unterwegs. Ach Dim, daß unsere Fahrt so enden muß! Es war alles umsonst.«

Wir packen unsere Körbe, das Bündel, doch das Boot können wir nirgends entdecken, und ohne Boot sitzen wir im Lehmland fest und kommen nicht fort. Mir fällt der Tierpfleger ein. »Wir gehen zu ihm«, schlage ich vor, »ich war die ganzen Tage mit ihm zusammen, er wird uns helfen. Subaba kennt sich in der Stadt aus, du hast Kupferreifen. Dafür handeln wir um ein Boot.«

Akunga ist einverstanden, wir gehen mit unseren Sachen über die Brücke am Versorgungskanal, und ich erzähle unterwegs von der Arbeit im Stau, der Jagd des En und von Subaba, dem Tierpfleger. Keiner von uns erwähnt Enank, so wie der Name eines Toten nicht ausgesprochen wird, solange noch sein Atem im Inselhaus weilt.

Unruhe ist in der Stadt, die Luft ist wie geladen, summt und knistert. »Unsere Leute am Flechtplatz haben heute die Arbeit niedergelegt«, berichtet Akunga. »Es kamen Männer und sagten: ›Das Volk trägt den Korb, der En lädt uns Ziegel auf, aber die Rationen stimmen nicht! Schließt euch an, Männer aus Ambarland.‹ Wir

zogen an den Lehmgruben vorbei, die Martus verbrannten ihr Gerät, warfen die Spaten ins Feuer, und alle marschierten zur Stadt. Ich sprach andere Frauen an, sie sollten auch mitmachen. Aber keine kam mit, und allein hatte ich auch keine Lust. Da bin ich zurück zum Flechtplatz gegangen, das war gerade bevor du kamst.«
Ich höre hinter uns das Getrappel von vielen Füßen, Pfiffe und Schreie. Männer hasten an uns vorbei. Sie sind mit Knüppeln, Fischspeeren und Hacken bewaffnet.
»Komm schnell«, sage ich, »vorn zwischen den Bäumen, da müssen wir durch. Bei Subaba sind wir sicher.«
Neben den Gruben entlädt Subaba mit den Packsklaven gerade die Kisten. »Los, Leute, und nicht so müde«, schreit er aufgebracht, denn die Männer arbeiten mürrisch und widerwillig. Und da passiert es: Eine Kiste kippt mit dem eingeschlossenen Tier in die Grube. Die Träger nehmen Reißaus, über die Kiste springen zwei Löwen aus der Grube hervor. Dem dritten wirft sich der Tierpfleger beinahe weinend entgegen. »Nein, nein, das geht doch nicht«, ruft Subaba, »das könnt ihr doch nicht tun!« Aber da fliegt er schon, von einem Prankenhieb getroffen, durch die Luft und bleibt reglos liegen. Akunga und ich stehen erstarrt und schauen den Großtieren nach, die sich ins Gebüsch schlagen. Dann rennen wir zu Subaba. Er ist ohne Leben. Der Tod hat ihm die Atemluft genommen. »Er war ein guter Mann«, sage ich leise. »Und er kannte die Mutter.«
Ich drehe mich um und gehe zu dem Leopardenkäfig.

Das Tier drückt seine Stirn ans Gitter, seine Muskeln zittern. »Hast du Angst, Akunga?« frage ich.
Sie schaut die Leopardenfrau an und schüttelt den Kopf. »Laß das Tier laufen«, flüstert sie. Ich löse den Riegel, hebe das Gatter, die Leopardenfrau streckt sich, schaut uns an. »Nun los«, fordere ich sie auf, »lauf heim zur Mutter, beeil dich!«
Das Tier verläßt den Verschlag, setzt Pfote vor Pfote, läßt sich nieder, gähnt, putzt die Schnauze und trottet gemächlich den Ziegelweg entlang.
»Los, wir müssen hier weg«, rufe ich Akunga zu. »Es wird dunkel, und zwischen den Bäumen möchte ich keinem Löwen begegnen.«
»Sie sind bereits in der Stadt«, erwidert sie. »Hörst du nicht?«
Ich vernehme Brüllen, dann Rufe, Befehle, unter den Bäumen tauchen die Ledernacken des En auf, Ur-Mach selbst stürmt mit dem Bogen in der Hand den Ziegelweg entlang. Im selben Augenblick trabt die Leopardenfrau auf ihn zu, den Rücken langgestreckt, als reite die Große Mutter auf ihr, die Jägerin von Ambar. Ich schreie, da hat sie schon den Mann angefallen, hängt ihm am Hals, tatzt ihm den Bauch auf und ist verschwunden. Ur-Mach hält sich die Hände unter den Leib, dreht sich um sich selbst und fällt seinen Ledernacken entgegen. Sie kommen zu spät. Der En liegt auf dem Ziegelweg, seine Waffenleute stehen um ihn herum und lassen die Hände hängen. Ohne den Leichnam zu bergen, verlassen sie einer nach dem andern den Ort.

Akunga und ich folgen, aber ich bleibe noch einmal bei Ur-Mach stehen. Ich blicke ihm ins Gesicht. Seine Augen sind starr geöffnet, ich sehe das Weiße unter den Pupillen. Sie schauen mich fassungslos an, ohne meinen Blick zu erwidern. Ich bin sicher, er hat sie erkannt, die Leopardenreiterin, die Jägerin aus Ambar, die ihn erlegte.

»Du«, sage ich zu Akunga, »du hättest ihn sehen sollen, damals, in seiner vollen Größe, den großen Jäger vor dem Herrn. So nannte ihn sein Volk. Die Leute von Kullab kratzten den Staub zu seinen Füßen.«

Wir kommen an den Gebäuden des En vorbei. Der Bär ist verschwunden, die Häuser sind ohne Leben. Über der Stadt sehen wir Flammen hochschlagen. »Das ist in der Richtung vom Hafen«, rufe ich, »vielleicht brennt eins von den Großschiffen.« Immer neue Brände züngeln, aus Fensterlöchern und Türen quillt Rauch, Menschen stehen auf den Dächern und schreien. Wir hasten weiter. Vor uns, quer über den Leuteweg, springt ein Löwe. Wir drücken uns an eine Hauswand. Ein Stück weiter die Straße hinunter brechen Kinder und Frauen ein Vorratshaus auf.

Ich fasse nach Akungas Hand, und wir sehen uns ratlos an. »Mit Kullab ist es aus«, sagt sie, »die ganze Stadt ist in Aufruhr. Und was wird mit Enank sein?«

»Komm«, sage ich, »wir müssen ihn suchen und ihn überreden, mit uns zu kommen. Enank übersteht das nicht, wenn er jetzt auch noch erfährt, daß Ur-Mach tot ist. Das bedeutet das Ende für seinen Turm.«

»Aber Dim, wo willst du ihn denn finden?« fragt Akunga und preßt sich an mich.
»Dort«, zeige ich, »beim Du-ku. Enank ist besessen von dem Ding. Er wird auch jetzt da sein.«
Im Halblicht des Mondes ragt der Turm schwarz über die brennende Stadt, wie ein ungeheuerliches, erdrückendes Lebewesen. Aber dabei ist es, als verharre der Turm ratlos und warte darauf, was werden soll. Wir nehmen unsere Sachen und laufen in die Richtung von Enanks Haus. Aber Enank ist nicht in seinem Haus.
Als wir wieder auf dem Platz stehen, sehen wir ihn hoch oben auf dem Turm. Nackt und bloß steht er gegen den Mond und hat sein Gewandtuch zwischen den Armen ausgebreitet, als wolle er augenblicklich davonfliegen. Ich haste zum Aufgang des Du-ku. Wie ich den Turm hinaufgekommen bin, kann ich nicht sagen, ich weiß nur noch, daß ich zuletzt auf allen vieren krieche, bis ich die oberste Baustelle erreiche.
Unter mir nehme ich Fackellichter wahr, die sich in der Tiefe des Mauerwerks bewegen, mir schwindelt, und ich muß einhalten. Da höre ich Enank, er singt, sehr laut, deutlich und schön. Oh, wie ich meines Bruders Stimme kenne! Wie oft haben wir im Boot miteinander gesungen, ich glaube, es gibt keinen Wasserpfad rund um unser Dorf, den wir nicht mit unseren Liedern entlanggestakt sind. Enank mit seiner klaren, dunklen Stimme in Führung, ich hinterdrein.
Ich rutsche bäuchlings über die letzte Ziegellage. Enank

singt von Ambars Mutterfrau: »Sie läßt die Fische des Wasserlands froh sein, die Vögel tanzen vor ihr auf den Flügeln.«
In Enanks ausgebreitetem Gewandtuch saugt der Wind. »Bruder«, sage ich leise und trete hinter ihn, »ich bin es, Dim, dein Bruderfreund. Komm weg da, du fällst dich zu Tode.«
Enank spricht, ohne sich umzuwenden: »Rühre mich nicht an, denn ich bin noch nicht aufgefahren!« Er läßt das Gewandtuch über sich knattern, es rauscht wie die steif ausgestreckten Schwingen des Adlers. »Auf, stürme«, schreit er in den Wind, »heule mir entgegen. Meine Kraft umgibt mich. Ich schwinge mich auf zu dir, trage mich!«
Ich wage nicht, meinen Bruder zu berühren, denn er steht so hart an der äußersten Kante vom Gerüst, daß ein Stolperschritt genügte, ihn abstürzen zu lassen. Aufruhr in der Stadt, durcheinandergeratene Planung, das alles hat ihn kopfkrank gemacht. Kullabs verdammter Turm! Der Du-ku, der zu ihm gesprochen hat! Wie erreiche ich Enank nur in seiner Verwirrung? »Bruder«, bettele ich hinter ihm, »tu's nicht, nimm mich mit.«
Enank läßt unwillig seine Flügel sinken, dreht sich nach mir um. Ich trete einen Schritt zurück. Er geht drohend auf mich zu. »Weiche von mir«, sagt er böse. »Soll der Spatz dem Weg des Adlers folgen?«
»Niemals«, antworte ich, »nein, aber der große Bruder der Lüfte läßt den kleinen bei sich unterschlupfen, seine Kraft reicht für beide.«

Enank lacht. »Komm«, sagt er, »krieche unter meine Flügel, ich lasse dich teilhaben an meiner Macht. Die Sonne erhebt ihr Haupt, wir fliegen ihr entgegen.«
Dann ist er unvermittelt über mir. Schnaubend, heulend schlägt er auf mich ein. Ich wehre mich, erst hinhaltend, dann voll Schrecken, zuletzt mit aller Kraft. Enank ist mir überlegen, ich schnappe nach Luft und weiß nur noch: Ich darf mich nicht an die Kante vom Mauerwerk drängen lassen.
»Hör auf, Enank«, keuche ich, »komm zu Sinnen!«
Es gelingt mir, seinen Hals mit meinen Händen zu umklammern. Ich sehe seinen Mund weit aufgerissen über mir, da stößt er meinen Kopf auf die Ziegel, einmal, zweimal. Mein Bewußtsein setzt aus. Das letzte, was ich noch wahrnehme, sind lachende, jubelnde Stimmen in meiner Nähe.
Als ich zu mir komme, ist mir übel vor Schmerz. Ich blinzele, jemand leuchtet mir mit einer Fackel ins Gesicht. »Lebst ja noch«, brummt der Mann und läßt mich. Ich stütze mich auf, meine Augen suchen nach Enank. Er ist verschwunden.
Ich erkenne sieben, acht Männer auf der Plattform. Sie heben im Fackelschein Balken aus der Gerüsthalterung, stoßen Ziegelhaufen um und schwenken ihre Fackeln. »Paß auf, nicht bei der Rampe«, brüllt einer, »da doch nicht, Mann! Unten kommt Ulaschum mit seinen Leuten! Willst du denen den Kopf einschlagen?«
Mühsam stehe ich auf, schwanke zu der Mauerkante. Kullab brennt an allen Ecken und Enden, der Du-ku ist

rot beleuchtet, nur sein Fuß liegt im Schatten verborgen. Dim, Dim, sagt es in meinem Kopf, wo ist dein Bruder Enank?
Ich schleppe mich zu der Rampenseite. Mein Fuß verfängt sich in etwas Weichem. Es ist ein Tuch, ein Gewandtuch, Enanks Kleid! Zuerst begreife ich nicht, dann geben mir die Knie nach, ich hocke mich auf den Boden, presse das Tuch an mich, schluchze und lache. Enank ist nicht geflogen! Wie sollte er, ohne seine Flügel?
Mit einem Satz bin ich auf und greife mir den nächstbesten der Männer, die dabei sind, mit ihren Hacken die Ziegel des Du-ku loszubrechen. »Habt ihr den Mann gesehen«, frage ich und schreie fast vor Ungeduld. »Den Mann, der eben hier war? Wo ist er hinunter?«
»Wo denn wohl?« lacht mich der Hackenmann aus, »da vorn, bei der Rampe, wo sonst? Aber mit dem läßt du dich besser nicht noch einmal ein, Kleiner, der hat dich ganz schön fertiggemacht.«
Ich knote mir Enanks Tuch um und beginne den Abstieg. Die Rampen und Stufen unter mir sind inzwischen von Fackeln übersät. Freie Männer und Sklaven, manche stolpernd und betrunken, stürmen Kullabs Himmelsberg. Sie schwenken mir ihre Lichter entgegen, jubeln und zerren in ihrer Mitte einen nackten Mann mit sich über die Stufen.
Es ist Enank. »He, was wollt ihr mit dem?« brülle ich sie an und werfe mich zwischen die Männer. »Laßt ihn los, ich bin sein Bruder!«

»Dann sieh bloß zu, daß du abhaust«, schnauzt einer, »verdufte!«
Ich werde vorwärts gestoßen, hinauf, spüre ein Knie im Kreuz und fliege vornüber, mit dem Gesicht auf die Plattform. Weinend komme ich auf die Knie und höre Enanks jammernde Stimme hinter mir. »Enank«, schreie ich. Oh, mein armer Bruder. Er tanzt ohne Verstand zwischen den Männern herum, rennt die äußerste Turmkante entlang, bleibt mit einem Ruck stehen, rüttelt an einem Gerüstständer und starrt in die Tiefe.
Die Männer haben aufgehört zu lachen. Sie sind stehengeblieben und halten den Atem an. Ich gehe langsam auf meinen Bruder zu und nehme ihn am Arm.
»Sein Kopf ist krank«, sage ich zu den Männern, »laßt ihn, es reicht.«
Ich führe Enank wie ein Kind an der Hand zum Abgang. »He«, ruft jemand, »du hast was vergessen, da, dein Tuch!« Er wirft es Enank über die Schultern, ich bleibe stehen und knote es ihm fest. »Bruder«, rede ich ihm zu, »alles wird wieder gut. Wir fahren nach Ambar. So, jetzt diese Stufe, paß auf, hier geht es weiter, ja, halte dich fest an meinem Arm. Die Mutter wird dir gute Träume schicken, sie wird dich heilmachen.«
»Ja«, wimmert er leise und folgt mir widerstandslos. Doch am Fuß von Du-ku bückt er sich unvermittelt, nimmt meine Hand, beißt zu, reißt sich frei und rennt los. Er gerät in eine Gruppe von Leuten, schlägt um sich und ist verschwunden, ehe ich ihn erreichen kann.

Verzweifelt laufe ich hin und her, rufe seinen Namen, springe über Trümmer, weiche mehreren Schafen aus, die mir aus einer brennenden Gasse entgegenstürmen, und bleibe schließlich erschöpft stehen. Enanks Gewandtuch, das sich an einem verkohlten Balken verfangen hat, ist das einzige, das ich von meinem Bruder finde.
Mir ist so bange um ihn. Er ist verloren, wenn er in seinem Zustand durch die in Flammen stehende Stadt rennt. Akunga, sie und ich, wir müssen ihm nach.
Hinter der Tür von Enanks Haus finde ich sie. Feuerschein fällt durchs Fensterloch auf ihre Gestalt. Sie liegt zusammengerollt in einer Ecke und schläft.
Ich knie mich zu ihr und streichle fahrig ihren Rücken. »Bitte, wach doch auf«, flüstere ich ihr zu, »wir müssen Enank finden!«
»Dim«, sagt sie noch halb im Schlaf, »seid ihr da?« Sie setzt sich auf. »Du bist allein? Wo ist Enank? Ich hatte auf euch gewartet, und auf einmal konnte ich nicht mehr. Ich dachte, ihr kommt doch zu Enanks Haus, da habe ich mich solange hier verkrochen. Was ist passiert?«
»Ich habe ihn verloren«, sage ich, berichte hastig von unserem Kampf, von Enanks Flucht. »Wir müssen ihn finden, schnell«, dränge ich voll Angst. »Er ist so durcheinander im Kopf, daß er in ein brennendes Haus läuft oder sich sonst was antut.«
Aneinandergeklammert durchstreifen wir richtungslos Gassen, Straßen und Plätze. Kullab, was ist aus dir

geworden! Kinder irren herum, Leichen treiben in den Kanälen, Brücken sind eingestürzt, Rinder brüllen, Menschen fliehen mit ihren Habseligkeiten, Plünderer setzen ihnen nach. Überall versperren umgestürzte Häuserwände den Weg; es ist, als wollten die Ziegel der Stadt zurück in die Lehmgruben. Als wir die Breite Straße erreichen, reißt mich Akunga am Arm, schreit und zeigt zum Du-ku. Feuerschlangen ringeln um den Turm, pechschwarzer Qualm, rot angestrahlt von brennenden Dächern, treibt über die Stadt, es riecht durchdringend nach schmorendem Öl. Ein heißer Luftschwall nimmt uns fast den Atem. »Sie haben das Mauerwerk in Brand gesetzt, mit Öl«, ruft Akunga mir zu und zerrt mich weiter, »komm, bleib nicht stehen!«
Von Enank finden wir keine Spur, wir müssen aufgeben. Auf dem Markt bei den Gerichtsbänken drängen sich rußgeschwärzte, traurige Gestalten. Wir setzen uns zwischen sie, um den Tag abzuwarten. Akunga streichelt mir die Hände und zieht meinen Kopf an ihre Schulter. Auf einmal merke ich meine Müdigkeit, aber schlafen kann ich nicht. Ich dämmere vor mich hin, vergesse, wo ich bin, und fühle mich nur einfach geborgen in Akungas Armen. Zwischendurch schrecke ich auf, weil ich glaube, Enanks Stimme zu vernehmen, tränenerstickt, hilfeflehend.
»Es ist nichts«, sagt Akunga und drückt mich fest an sich, »schlaf weiter, kleiner Bruder-Mann.«
Ich lausche und schließe die Augen. Totenstill ist es in der Stadt geworden.

Unruhe auf dem Platz weckt uns. Das erste Tageslicht sickert ins Dunkel. Einer nach dem anderen erhebt sich, faßt sein Bündel unter und verläßt den Markt.
Akunga und ich sehen uns an. Sollen wir weiter nach Enank suchen?
Wir machen uns nichts vor, viel Aussicht auf Erfolg hat unsere Suche nicht. Aber wir begeben uns auf den Weg, gucken uns bei den Leuten an den Wassertrögen um, gehen den Hafenkai entlang, stöbern zwischen niedergebrannten Häusern, beugen uns über entstellte Leichen, rufen nach Enank in Höfen und Gassen und erkundigen uns überall, wo Leute zusammenstehen: »Habt ihr einen Mann gesehen? Er ist groß und hat eine dicke rote Narbe hier an der Stirn.«
Wir folgen der Straße über die mittlere Brücke, kommen an einem Rinderpferch vorbei, wo sich Leute um ein riesiges Feuer scharen. Blutige Häute, zersplitterte Knochen und Sehnen liegen herum, mir wird übel vom Fleischgestank. Ich fühle mich mutlos und bedrückt, denn ich habe keine Hoffnung mehr, daß wir Enank finden werden. Es ist zwecklos, noch weiterzusuchen.
»Dim«, sagt Akunga schließlich, »laß uns an den Flechtplatz gehen. Da sind wenigstens Leute vom Wasserland. Vielleicht wollen sie mit uns zurück nach Ambar. Wir sind viele Hände, da haben wir uns schnell ein paar Boote gebaut. Schilf gibt es dort auch, mehr als wir brauchen.«
Aber die Schilflager sind abgebrannt, ebenso die Hütten der Ambarleute. Wir entdecken Dodil, der in den

schwarzen Überresten stochert, Zanini, seine Frau, hat ein Tuch über sich gezogen und schläft am Weg.
»Dodil«, ruft Akunga, »wir sind's, was ist mit den anderen Ambarleuten?«
Er schaut sich nach uns um. »Richtig«, sagt er, »euch beide gibt's ja auch noch. Bei uns ist sonst niemand mehr da, alle sind fort aus der Stadt. Nur deinen Bruder, Junge, habe ich eben noch gesehen.«
»Den suchen wir ja!« schreit Akunga. »Wo hast du ihn gesehen? Wann genau?«
»Vorhin, das habe ich doch gesagt«, antwortet Dodil verdrossen, hebt einen geschwärzten Reibstein auf und schmeißt ihn hinter sich. »Er war bei den Martus von drüben. Die haben ihre Haarhäuser abgebrochen und die Esel bepackt. Ich möchte nicht wissen, was die Burschen heute nacht alles aus den Häusern geholt haben! Jedenfalls konnten sie heute morgen nicht schnell genug fortkommen.«
»Und Enank?« drängt Akunga, »rede doch.«
»Was weiß ich«, brummt Dodil, »vielleicht war er's auch gar nicht. Sein feines Gewandtuch hatte er jedenfalls nicht an. Er hatte irgendein Tierfell um, ein altes Ding, er sah schon merkwürdig darin aus. Aber ich glaube doch, daß er es war. Ich habe seine Narbe erkannt und seine Gestalt. Er stellt ja was dar.«
»Und in welche Richtung sind sie?« erkundige ich mich.
Dodil zeigt in Richtung des Mittags.
»Martuland, versteht sich«, sagt er, »immer den Kanal entlang.«

»Danke«, ruft Akunga ihm zu, »du hast deine Wand mit uns geteilt.«
Dodil zuckt die Achseln. »Laß gut sein«, antwortet er, »für mich ist das Leben vorbei.«
Wir gehen zurück über den ehemaligen Flechtplatz. »Wir müssen uns dranhalten«, sage ich, »die Martus haben ihre Esel.«
Akunga aber gibt sich zuversichtlich. »Wenn wir die Leute sehen, haben wir sie bald eingeholt. Mit ihrem Gepäck kommen sie nicht schneller voran als wir. Aber wir sollten vorher noch zusehen, daß wir irgendwo Essenssachen auftreiben. Wir wissen ja nicht, ob wir unterwegs jemand finden, der Brot mit uns teilt. Findest du das Vorratshaus wieder, an dem gestern Frauen die Türen aufbrachen? Vielleicht ist da was liegengeblieben.«
Wir haben den Speicher bald gefunden, aber im Eingang halten uns zwei Männer auf. »Hier kommt keiner hinein«, ruft der eine, »was noch drin ist, wird gerecht aufgeteilt.«
»Wir haben Kupferringe«, sagt Akunga und kramt in ihrem Korb, »die können wir euch geben.«
»Laß stecken«, antwortet der Mann, »Kupfer macht keine Mägen satt.«
»Aber wir wollen aus der Stadt«, bittet Akunga, »wir brauchen Essen für unterwegs.«
»Nochmal: nein«, erwidert der andere, »und das ist endgültig. Bedankt euch bei den Plünderern. Was noch da ist, bleibt für uns alle. Los, verschwindet jetzt.«

Wir laufen weiter, irren durch die Gassen. Ich erkenne mein Eßhaus wieder, seine Tür ist eingedrückt. Unter einem niedrigen Torbogen bekommen wir endlich, was wir suchen. Der Mann mißt uns sorgfältig Mehl ins Tuch und packt getrocknete Datteln in den Korb. Akunga gibt ihm dafür zwei schwere Kupferreifen und noch vier kleine dazu, alles Kupfer, das wir haben.
»Macht nichts«, erklärt sie. »Der Mann am Vorratshaus hatte recht, du kannst es nicht essen. Und jetzt suchen wir uns ein Boot.«
Wir schlagen uns nach Süden zu durch die Stadt und treffen auf Kullabs Hauptkanal. Aasfressende Möwen zetern an seinen Uferdämmen. »Das ist die Wasserstraße zu den Erdpechschiffen«, sage ich zu Akunga. »Die sind wir entlang. Sie führt durchs Feuchtland zu dem großen Fluß, und jenseits von seinen Ufern liegt nach Westen zu Martuland.«
Vergeblich suchen wir die Uferdämme nach einem Boot ab, aber mitten im Kanal trudelt ein winziges Luftsackfloß. »Soll ich uns das Ding an Land ziehen?« frage ich Akunga. »Vielleicht trägt es uns ja.«
Akunga wirft nur einen kurzen Blick darauf und schüttelt den Kopf. »Da laufe ich schon lieber«, sagt sie. »Mir ist das zu unsicher, wenn Stromschnellen kommen oder so. Wir verstehen nicht damit umzugehen.«
Wir gehen den Dammpfad entlang. Andere Leute sind vor und hinter uns, Männer mit hochbepackten Körben und Kiepen, Familien, die ihr Gepäck am Jochholz tragen, Kinder rennen dazwischen, zwei Frauen treiben

einen Ochsen vor sich her. Sie alle fliehen aus der Stadt. Wir drehen uns um. Wie ein aufgedunsener schwarzer Kadaver liegt der Du-ku am Himmelsrand, und die Aasvögel schweben darüber. Später gleitet das Luftsackfloß an uns vorüber. Ein Mann sitzt darauf. Er hat sein Gewandtuch als Segel an eine Stange geknotet und steuert das Floß mit einem Stück Brettholz.

Es wird ein heißer Weg. Am liebsten gingen wir zwischendurch ins Wasser, um uns Kühlung zu verschaffen, doch wir haben keine Zeit zu vertun. Im Lauf des Tages gelangen wir an die Baustelle bei den Schiffwracks. Die Arbeitshütten sind verlassen. Sie stecken halb im Matsch, von Schlamm überzogen, vom Wind zerzaust. Ein zerbrochener Korb hängt im Schilf. Der Umgehungskanal ist nicht fertig geworden, und das Wasser überschwemmt wieder weite Teile des Feuchtlands. Vor uns haben Esel und Menschen ihren Weg durchs Schilf gebahnt, wir erkennen deutlich ihre Spuren. Hoffentlich sind es die Martus.

»Weiter wasserabwärts mündet der Kanal in den großen Fluß«, sage ich zu Akunga. »Als wir die Erdpechbrokken zusammentrugen, sind wir bis dahin gekommen. Dahinter ist das Land unbewachsen und leer, da müßten wir sie endlich sehen.«

Akunga nickt. »Sehr weit können sie nicht mehr vor uns sein«, sagt sie, »ich glaube, die Spuren waren ganz frisch.«

An der Kanalmündung bekommen wir die Martus wirklich zu Gesicht. Sie haben gerade stromaufwärts das

breitfließende Wasser überquert und sammeln sich am gegenüberliegenden Ufer. Die Gruppe ist nah genug, um die Leute mit ihren Tieren deutlich auszumachen, doch zu entfernt, als daß wir Einzelheiten unterscheiden könnten.
»Sieh mal, da treibt was«, ruft Akunga, »das sind Tierbälge, mit Luft aufgeblasen. Die Martus sind damit übers Wasser. Los, die holen wir uns.«
Wir stellen unsere Körbe und Bündel ab und springen beide zugleich. Die Häute kreiseln in der Strömung. Akunga und ich bekommen jeder ein Luftkissen zu fassen, paddeln darauf und lassen uns vom Wasser tragen. Wir treiben ein ganzes Stück von der Uferstelle ab, an der unsere Sachen liegen. Mit den Luftkissen unterm Arm rennen wir flußaufwärts und erreichen die Furt, in der die Martus den Strom durchwatet haben. Bis zu einer schwarzen Schlickinsel bleibt das Wasser seicht, dann müssen wir unsere Sachen auf die Bälge schnüren. »Das Mehl darf nicht naß werden, sei vorsichtig«, ruft Akunga, als ich versuche, mein Kissen wassertretend ans andere Ufer zu bringen. Die Strömung zieht, und ich habe Mühe, gegen sie anzukommen. Schnaufend steigen wir ans Ufer, nehmen unser Gepäck, lassen die Luftkissen liegen und folgen den Eselsmistspuren.
Die Martus sind uns inzwischen aus den Augen gekommen, die Hitze hat sie verschluckt. In der wallenden Luft ist der Himmelsrand bald nah, dann aber wieder endlos fern. Das gleißende Sonnenlicht verzerrt die

Sicht. Wir kneifen die Augen zusammen und halten auf einen dicken schwarzen Schatten zu, der sich beim Näherkommen in einen vereinzelten, kaum kniehohen Stein verwandelt. Kleine Windwirbel ziehen an uns vorbei, treiben Grasteilchen und Staub durch die Luft. Der Trupp vor uns hat sich weit auseinandergezogen. Wir erkennen es an den Spuren und tun uns schwer, sie zwischen den spärlichen Gräsern und dem grauen Kriechgestrüpp auszumachen. Dabei ist uns klar, daß wir uns jetzt noch mehr beeilen müssen als zuvor. In der Sandsteppe sind die Eselsleute bestimmt schneller als wir. Doch vielleicht schlagen sie bald ihr Abendlager auf, überlegen wir uns, dann holen wir sie ein.

Trotz unserer Eile halten wir an, als wir auf Baumschatten stoßen. Wir müssen uns ausruhen, sonst kommen wir gar nicht mehr weiter. Die gefiederten Laubästchen der Akazie geben nur dünnen Schatten, aber wir atmen auf, als wir eine Weile sitzen. »Siehst du die drei Rußsteine dort drüben auf dem Steinhaufen?« fragt Akunga. »Es sind sicher die Herdsteine einer Frau, vielleicht liegt sie darunter begraben. Daß Menschen dieses Land aushalten, darin wohnen können!«

Ich will antworten, bringe aber nur Krächzlaute hervor. Der Durst wird plötzlich unerträglich, wir kauen getrocknete Datteln, aber der Mund ist zu trocken zum Schlucken, das harte süße Fruchtfleisch setzt sich am Gaumen fest. »Dabei hätten wir am Fluß doch eins von den Floßkissen mit Wasser füllen können«, ärgere ich mich.

Später stehen wir vor einer schroff abgesenkten Erdspalte, die wie ein gewundenes, ausgetrocknetes Flußbett durchs Land schneidet und am Fuß einer Steilwand westlich abschwenkt. Wir müssen hinunter, die Senke durchqueren, finden jedoch erst nach langem Suchen eine Stelle, die nicht so hart abfällt.
»Verdammt, diese Steine sind eklig scharf«, jammere ich laut, während wir abwärts rutschen, und frage mich, wie die Martus es geschafft haben, mit ihren Eseln hier durchzukommen.
Unten schlägt die Hitze sengend über uns zusammen, und beim Aufstieg über die weißen, schrägstehenden Gipsschollen pocht das Herz quälend hart. Akunga hat sich die Schwiele unter dem großen Zeh tief aufgerissen und blutet sehr. Wir reißen einen Stoffetzen ab, verbinden die Wunde und umwickeln unsere Füße zum Schutz gegen die Dornen und Steine. Die Spur der Martus haben wir längst verloren, aber noch machen wir uns keine Sorgen. Martuland liegt dem Sonnenuntergang entgegen, das ist unsere Richtung, dort müssen wir auf die Leute stoßen und Enank finden.
Die Hitze nimmt zu, obgleich sich der Himmel inzwischen mit dünnen, faserigen Wolken bezogen hat. Unsere Haut verbrennt, wir müssen uns in die Gewandtücher wickeln. Akunga und ich helfen uns gegenseitig, den Stoff um uns zu knoten. Die Berührung auf der Haut schmerzt. »Dim, wie du aussiehst«, sagt Akunga. Ich schaue an mir hinunter. Vom Kopf bis an die Schenkel bin ich eingehüllt, und meine Füße sind dick

verpackt. So überstehen im Wasserland die alten Frauen den Winter, und uns kocht das Blut.
Wir schleppen uns weiter bis in den Nachmittag. Dann entdecken wir mitten in der Steinsteppe ein vereinzeltes Schaf. Es hat frisch geworfen, das Lämmchen stolpert auf tapsigen Beinen unter seiner Mutter. Aus einer Senke hören wir Blöken, Geräusche, Stimmen. Ein Junge erscheint, sieht uns und bleibt stehen. Wir stellen unsere Sachen ab und blicken ihn wortlos an. Wir haben Menschen gefunden! Langsam, als Zeichen unserer guten Absicht, heben wir die Hände. Drei Hunde tauchen auf und fahren auf uns los, wir rühren uns nicht. »Packt euch!« schreit der Junge sie an, »hierher mit euch!« Wir lassen unsere Hände sinken und warten, bis der Junge auf uns zukommt. Er grüßt uns ernsthaft: »Ihr seid unsere Gäste!«
In der Senke steht ein niedriges Zeltdach. Als wir näherkommen, treten zwei Frauen aus seinem Schatten hervor. Die jüngere trägt ein rotes Stirnband, das ihr Haar zusammenhält, und in ihren schwarzen Locken baumelt ein Ring mit einem spitzen, kupfernen Dorn. Beide sind in dunkle Schultertücher über der langen Untergewandung gehüllt und mustern uns mit den gleichen scharfen, tiefen Augen. »Mutter«, bittet Akunga die ältere Frau, schluckt und faßt sich an den Hals, »wir haben Durst.« Ihre Worte sind kaum zu verstehen.
»Ich melke für euch«, sagt die Frau und ruft dem Jungen zu: »Lauf, Molid, bring ein Melkschaf!«

In einer Mulde nahbei steht ein langer Wasserstreifen, braune und schwarzfellige Schafe mit weißen Köpfen grasen zwischen hochstieligen Dürrgräsern. »Kommt«, fordert die Frau uns auf, »teilt unsere Zeltwand mit uns, ihr seid willkommen.«

Dankbar lassen wir uns im Schatten nieder. Zusammengerollte Häute, Seile, ein paar Holzschalen und Ziegenschläuche bilden die ganze Einrichtung. Die Frau hockt sich hinter das Schaf, streicht sanft die Euterstriche und murmelt dem Tier leise Worte zu, bläst den Schaum von der Milch, reicht Akunga die Schale und füllt sie gleich noch einmal für mich. Die Milch ist gelbflüssig und duftet nach Kräutern.

Akunga nennt den Frauen unsere Namen. »Das ist Dim, der Mann, der zu mir gehört«, stellt sie mich vor.

»Ich bin Hodes«, sagt die ältere Frau, »Kathir ist meine Tochter, Molid der Enkelsohn.« Sie deutet auf unsere Binsengraskörbe. »Solche Webmuster habe ich noch nirgends gesehen.«

»Wir sind aus Ambar, dem Wasserland«, erklärt Akunga, »aber jetzt kommen wir aus Kullab. Wir suchen Leute mit Eseln, die vor uns hergingen, wir haben sie verloren. Hast du sie gesehen? Sie müssen hier oben in der Nähe vorbeigezogen sein.«

»Hier nicht«, winkt die Frau ab. »Leute aus Kullab? Dann gehören sie zu den Sippenstämmen der Yachmadus. Wir sind Didanumleute, das hier ist unsere Sommerweide. Unsere Männer sind auf Straußenjagd.«

Kathir, ihre Tochter, scharrt glühende Holzkohle

zusammen, legt einen Teigfladen darauf, dreht ihn um, gräbt unter der Glut den Sand auf, bettet den Fladen in die Höhlung und fegt Sand und Asche darüber. Blasen steigen aus dem Boden. Wenig später ist das Brot durchgart, Kathir bricht es uns. »Eßt, stärkt euch«, sagt sie. Hodes füllt aus einem der aufgehängten Ziegenbälge Wasser in die Schalen, das mit Sauermilch versetzt ist. Das Fladenbrot ist hart, kleine Sandkörnchen knirschen beim Kauen zwischen den Zähnen. Wir tauchen es mit den Frauen und Molid zusammen in ein kleines Töpfchen mit flüssiger Butter.
»Die Männer der Yachmadus streichen in Kullab Ziegel«, sagt Kathir. »Sonst kehren sie aber erst nach der Trockenzeit des Jahres zurück. Sie steigen bei den Akazien den Ort des Erdspalts hinauf und übernachten in einem Baumdorf hinter den Salzbinsen.«
»Und wie weit ist es bis zu diesem Dorf?« erkundigt sich Akunga.
»Es ist gleich in der Nähe«, erfahren wir, »einen halben Tagesweg weit.«
Ich schaue hinüber zum Mond, der gerade über den Himmelsrand kommt. Sein Gesicht ist sehr groß und breit, beinahe voll. »Wir könnten die Nacht hindurch gehen«, schlage ich vor.
Hodes schaut mich mit ihren scharfen Augen an. »Das laßt ihr besser sein«, sagt sie. »Die Luft sieht nicht gut aus, es wird Sturm geben. Bleibt über Nacht, ihr seid Gäste.«
Zugige Böen schaben und zerren an der Zeltwand.

Große Vögel laufen mit aufgeplusterten Schwingen vor dem Wind. Mutter und Tochter stoßen die Zeltstützen tiefer in den Sand, befestigen sie mit schweren Steinen und zurren die dunklen Haarhäute fest. Akunga und ich sind aufgestanden und schauen über das Land. Sand rinnt, in der Ferne rollt sich der Himmelssaum schwarz bis in die Wolken auf, über die untergehende Sonne fließen dunkle Streifen, es wird dämmrig. Wellen von feinem Staub ziehen wie Nebelstreifen durch die Luft.
»Setzt euch unter die Zeltwand«, befiehlt die alte Frau. »Der Sturm legt gleich los.«
Die Hunde kriechen zu uns unters Haardach, an der Wassermulde drängen sich die Schafe. Hodes und Kathir haben sich bis zu den Augen eingemummelt und setzen sich auf ihre Fersen. Staubfahnen wehen über das Zeltdach und reißen scharf an seiner Kante ab. Dann ist es mit einem Schlag pechdunkel. Ich kann nur noch den schmalen Glutriß zwischen den Herdsteinen erkennen, dann erlischt auch der. Ich zerre mein Gewandtuch übers Gesicht. Zwischen den Lidern brennt Staub, er brennt in der Nase, brennt in der Kehle. Ich will Akunga etwas zurufen, bringe aber keinen Ton heraus, ich habe meine Stimme verloren. Mit jedem heißen Luftstoß meldet sich wieder der Durst. Auf meiner glühenden Haut scheuert der Sand, ich verliere jedes Gefühl für die Zeit. Der Wind wechselt zu einem hohlen Sausen. Langsam und vorsichtig öffne ich im Tuch einen winzigen Sehschlitz, aber die Sicht ist zu. Ich blinzele und suche Akunga und nehme ihre Gestalt als dunklen

Umriß wahr. Die Luft ist geladen, ich fühle mich kribbelig und reizbar. Über meiner linken Braue beginnt Schmerz zu stechen.

»Du hast noch viel Kraft«, hatte Enank mir einmal gesagt, als wir im Wasserland unser Boot einen halben Tag ununterbrochen gegen Wellen und Wind halten mußten. »Erst wenn du dein Letztes gibst, merkst du, wieviel Kraft du eigentlich hast!«

Aber hier kannst du nichts geben. Den Kopf einziehen bis der Sturm sich legt, das ist alles, was du tun kannst. So wie es die beiden Frauen und ihr Junge tun. Sie sitzen nahezu unbeweglich unter der Zeltwand, drei tote Schatten, so kauern sie die ganze Nacht. Aber vielleicht ist das auch eine Kraft, nicht gegenhalten, sondern einfach länger aushalten. Ohne diese Fähigkeit, sage ich mir, könnten die Leute hier im Sandland nicht überleben.

Als es tagt, erscheint die Sonne in graue Nebel gehüllt glanzlos am Himmelsbogen. Durch den Trockennebel können wir gerade bis zu den Schafen sehen. Kathir geht mit den Wassersäcken hinaus, der Junge und ich folgen. Akunga hat ihre Mondtage bekommen, ihre Hände sind dick aufgedunsen. Sie flüstert mit der alten Frau. Die legt ihren Arm um sie.

Ich biete Kathir an, ihr beim Melken zu helfen, aber sie wehrt belustigt ab. »Melken ist Frauensache«, erklärt sie bestimmt und hockt sich hinter die Melkschafe. Die Milch in den Schalen vermischt sich schon beim Melken mit Staub. Wir trinken den ganzen Tag. Ich laufe

mehrmals, um die Wassersäcke neu zu füllen. Auch das Wasser schmeckt nach feinem Staub und ist überdies lau und fade. Aber wir trinken unaufhörlich.
Akungas verletzter Zeh hat rote, entzündete Wundränder. »Du mußt sie mit Holzkohle ausbrennen«, sagt sie. Es fällt mir schwer, aber ich mache es. Akunga stöhnt zwischen zusammengebissenen Zähnen, das Wasser läuft ihr aus den Augen. Es riecht nach verbranntem Fleisch.
Der Trockennebel hüllt uns den ganzen Tag ein. Die Sicht öffnet sich nicht weiter als zwanzig Schritt. Wir müssen bleiben, wir können nicht weiter.
Während der meisten Zeit sitze ich bei Molid, dem Jungen von Kathir. Von ihm lerne ich ein neues Spiel, bei dem wir Dattelsteine zwischen Sandstriche setzen und überspringen. Molid spielt ausdauernd und überrumpelt mich bei jeder Gelegenheit. Später wird er Straußenjäger sein, erzählt er, und wird mit den erwachsenen Männern die Sommerzeit über in der Steppe leben. »Die großen Laufvögel geben uns Trockenfleisch, gutes feines Leder und wir sammeln ihre Federn«, erklärt er mir. Ich mag diesen Jungen, er lebt in einem harten und kargen Land und ist doch so unbekümmert wie bei uns die Jungen auf den Hausinseln.
Der Trockennebel will nicht weichen, auch in der folgenden Nacht und am nächsten Tag nicht. Drei Tage steht die Sonne grau in der drückend fließenden Luft. Wir teilen unser Mehl und die gepreßten Datteln mit

den Zeltleuten, und sie laden uns ein, sauren Schafskäse, flüssige Butter, frisch aufgebackene Heuschrekken mit ihnen zu essen.
Ich liege im Windschatten vom Zelt und schließe die Augen. Kullab ist endlos fern gerückt, über seine Bilder legen sich Schatten und Staub. Ich suche nach Ambarland, seine Schilfrohrgefielde und Wasserläufe tauchen vor mir auf. Ich sehe einen Jungen. Er nimmt Fische aus, reitet die Wasserbüffel in den Pferch und stakt zum Futtermachen durch die Binsen. Ich weiß, dieser Junge bin ich. Aber ich trauere um ihn, denn ich bin es nicht mehr. Ich beobachte ihn, wie er seiner Ma beim Töpfern zuschaut. Ich spüre die Wärme zwischen beiden. Aber es ist ein Leben, von dem ich abgeschnitten bin.
Ich möchte mich zu Akunga setzen, möchte mich an sie lehnen und ihre Hand spüren. Doch während ihrer Mondtage bleibt Akunga bei den zwei Frauen, wir leben auf verschiedenen Seiten des Zeltes.
Als sich am Abend des vierten Tags der Trockennebel über uns auflöst, kommt Akunga zu mir. »Wir könnten heute nacht mit dem Mond gehen«, sagt sie, »es wäre leichter als tagsüber in der Hitze.«
»Und dein Zeh?« erkundige ich mich. »Kannst du schon wieder laufen?«
»Wenn ich mir ein Tuch um die Füße binde, schaffe ich es wohl«, sagt sie.
»Dann brechen wir gleich auf«, schlage ich vor, »ich bin froh, wenn ich mich endlich wieder bewegen kann.«
Hodes, die ältere Martufrau, erklärt uns den Weg und

schenkt uns einen Schlauch mit Sauermilchwasser. »Yarach, der Mondherr unserer Mutter, erhebe sein Angesicht über euch!« wünscht sie uns. Akunga läßt den Zeltleuten unseren Binsenflechtkorb mit den hellen Flechtzeichnungen. Wir danken den Frauen, verabschieden uns von Molid. Es war Gastfreundschaft wie unter Freunden im Wasserland.

Wie Hodes es beschrieben hat, treffen wir auf die Salzbinsen. Zwei Eulenvögel umflattern uns. Weiß wie Hagel liegt eine unübersehbare weite Fläche vor uns. Sie wirft das Mondlicht so hart zurück, daß unsere Augen schmerzen. So hell ist keine Nacht in Ambar, die Sterne flimmern auch nicht wie bei uns über dem Wasser, sondern geben ein stechendes Licht. Obgleich wir unsere Gewandtücher eng um uns ziehen, spüren wir die eisige Kühle des Windes, sie geht uns durch und durch.

Unser Weg kommt uns endlos lang vor, denn das Salzbinsenland ist ein Schweigeland, wie von allem Leben verlassen, trostlos und nackt. Nur einmal durchkreuzt eine Herde Wildesel vor uns die große Leere. Sie traben mit erhobenen Köpfen und wehenden Schweifen, in dem schattenlosen Licht können wir ihren Weg bis an den Himmelsrand verfolgen. Der Mond wandert über den Himmelsbogen, das Salz nimmt kein Ende. Wir versuchen mit unbedeckten Füßen zu marschieren, geben aber bald auf. Das Salz ist scharf und schneidet, und die Binsen stechen.

Endlich wird es Morgen, die Sonne steigt dem Mond,

ihrem Brudergestirn, entgegen. Der Himmel färbt sich von Blau zu Rot, und dann erreicht uns das gewalttätige Licht der Sonne. Blinzelnd, mit tränenden Augen stapfen wir weiter. Die Luft erwärmt sich rasch. Nach Hodes' Beschreibung müßten wir jetzt bald bei den Hungersteinen sein, drei hohen Klippen, die wir vielleicht sogar hören können, denn es sind sprechende Steine, hatte Hodes erklärt, und von da seien schon die Häuser der Yachmadus zu sehen. Und wirklich können wir weit vorn die Steine ausmachen. Als wir in ihre Nähe kommen, unterscheiden wir deutlich drei Klippen. Und sie reden wirklich, es klingt, wie wenn eine Flöte spricht und jemand dazu summt.

Dann erkennen wir unter uns in der Mulde Palmbäume und dazwischen, hinter einer Dornenhecke, einzelne Lehmhäuser: das Baumdorf. Von Martus und Haarhäusern sehen wir aber keine Spur. Aus einem Sandtal tauchen Esel mit Holzlasten auf, Frauen und Kinder treiben sie. Wir heben die Hände, sie winken uns zu, und wir gehen ihnen entgegen. Akunga wendet sich an eine der Frauen, die schlägt ihr Kopftuch zurück und fragt: »Seid ihr durchs Salz gekommen?«
»Ja«, antwortet Akunga, »wir suchen nach Männern mit Eseln, die vor ein paar Tagen von Kullab aufgebrochen sind. Sind sie hier vorbeigekommen oder habt ihr bei euren Häusern von ihnen gehört?«
»Warum fragst du nach ihnen?« will die Frau wissen, und ihre Stimme klingt mißtrauisch.

»Wir suchen nach einem Mann, der bei ihnen ist«, erklärt Akunga.
»Einen Yachmadu?« fragt die Frau weiter. Sie geht jetzt rascher, zieht den Esel hinter sich her und bedeckt ihr Gesicht.
»Nein, nein«, sagt Akunga ungeduldig. »Es ist keiner von euren Männern. Einen Ambarmann suchen wir. Er ist groß und hat eine dicke rote Schwielennarbe auf der Stirn. Den müssen wir finden!«
»Diesen Mann habe ich bei den Leuten aus Kullab nicht gesehen«, teilt die Frau uns mit, »so einer war nicht dabei.«
»Bestimmt nicht?« fragt Akunga nach. »Bist du ganz sicher?«
»Es waren alles Yachmadus«, betont sie. »Sie haben mit ihren Eseln bei unserem Wasser gezeltet, bis sich der Staub hob. Ich habe mit jedem gesprochen und kenne alle mit Namen. Nein, ein Fremder war nicht darunter.«
»Haben sie dann vielleicht von jemand gesprochen, der so aussieht?« versucht es Akunga noch einmal.
»Ich kann mich nicht erinnern«, erwidert die Frau. »Was reden die Leute nicht alles, wenn sie zusammensitzen. Vor allen Dingen haben sie von der Stadt gesprochen, immer wieder, sie konnten gar nicht aufhören damit. Und ihr, was wollt ihr von dem Mann?«
»Er ist mein Bruder«, antworte ich.
»Und er ist mein Mann, der Mann, der zu mir gehört«, fügt Akunga tonlos hinzu.
Die Martufrau legt ihr den Arm um die Hüfte. »Komm,

Tochter«, sagt sie tröstend. »Setz dich unter unser Dach, iß und trink und belebe dich.«
Ich bleibe draußen vor der Tür, den Rücken gegen die Lehmwand gelegt. Kinder rennen herbei. Sie starren mich an. Ein kleiner Junge geht vor mir in die Hocke und pinkelt. Ein Mädchen wirft mir eine tote Maus zu. Ich kann mich nicht rühren. Dann merke ich Akunga neben mir. Keiner von uns spricht. Das Sonnengestirn erhebt sich höher, der Mauerschatten nimmt ab, wir sitzen im gleißenden Licht.
Wie lange wir bleiben? Ich zähle die Tage nicht. Die Kinder gewöhnen sich an den Fremden, der tagtäglich an der gleichen Stelle sitzt und über die Wüste ins Leere schaut. Ich mag nicht essen, Morgen- und Abendrot brennt auf meinem Gesicht. Hin und wieder verlasse ich meinen Platz, gehe zur Brunnengrube, werfe den Ledereimer hinein und ziehe ihn langsam empor. Ich bücke mich und trinke von dem bitteren Wasser. Einen Schluck, noch einen, bis der Körper genug hat. Der Körper braucht Wasser. Ich nicht. Enank, mein Bruder, wie ist mir weh um dich.
Akunga kniet vor mir. Es ist früher Morgen, ihr Atem steht weiß in der Luft. »Dim, Dim, komm zurück«, bittet sie. Sie rüttelt meinen Arm. »Kannst du mich hören?«
»Ja«, antworte ich, aber das Sprechen fällt mir schwer, und auch ihre Stimme erreicht mich kaum.
»Was wollen wir noch hier?« sagt sie. »Komm, wir gehen.«

Und woanders, was sollen wir da? denke ich. Ich will sitzenbleiben und warten, daß meine Seele zurückkommt. Aber ich weiß nicht, ob sie das tut, denn ich will sie nicht mehr.
Akunga nimmt meinen Arm, reibt meine Finger zwischen ihren Händen und redet mir zu. »Ich habe unsere Sachen zusammengepackt«, sagt sie. Sie hakt mich unter, zieht mich auf die Füße, drückt mir ein Bündel in die Hand und knotet mein Gewandtuch um mich.
Das Sonnengestirn treibt uns durchs sandige Land, von Schatten zu Schatten. Unter einer Klippe setzen meine Kräfte aus. Wieder kniet Akunga vor mir, sie spricht, redet mich an, aber ich verstehe sie nicht. Sie hebt mir den Wasserschlauch an den Mund, beugt sich vor, ich erkenne ihre Augen, sie sind zwei schwarze Löcher in ihrem Gesicht.
Im Mondlicht wache ich auf. Mich friert, ich merke Akunga neben mir. Sie schläft nicht. Neben ihr liegt der schlaffe Wasserschlauch, ein Korb, unser Bündel. Sie hat alles allein getragen. In meinem Kopf wird es plötzlich klar, ich komme zu mir, bin da, weine, schluchze, klage, drücke mein Gesicht gegen ihres, mache mich klein, daß sie mich faßt wie eine Ma ihr Kind. »Dim, mein Mann«, sagt Akunga ein ums andere Mal, faßt mich um die Hüfte, liebkost und küßt mich. »Wenn wir an den großen Fluß kommen«, redet sie mir zu, »dann suchen wir, bis wir Gizirohr finden. Wir bauen uns ein Boot, es wird fest sein und stark und dich und mich nach Hause tragen. Lugin wartet auf uns,

Temar ist da und Asal. Wir vergessen Kullab und alles, was war, wie einen häßlichen Traum, der im Lauf des Tages aus dem Gedächtnis verschwindet.«

Als wir weitergehen, steht das letzte Viertel des Mondes unter den Sternen in der Nähe des Ziegenfischzeichens, und bei Sonnenaufgang erreichen wir den großen Fluß. Reiherenten schwärmen auf, ziehen rufend über den breitfließenden Strom aufs jenseitige Ufer zu. Das Gefieder der Männchen leuchtet prächtig in grünen und braunen Farben. Das Wasser trägt uns ihnen hinterher.

Bei einem Kanaldorf, in einem fast unzugänglichen, moorigen Feuchtgebiet, finden wir großes Gizirohr. »Die Leute müssen wissen, was wir vorhaben«, sagt Akunga, »wir sollten zuerst mit ihnen reden.«

Die Dorfleute hören uns zu, sie fragen uns aus. Wir erzählen, daß unser Boot abhanden gekommen ist und wir hier Schilf bündeln wollen, um ein neues zu bauen und dann heimzufahren ins Wasserland.

»Als es Kullabs große Schiffe noch gab«, meinen die Leute, »hättet ihr einfach in einem zusteigen können, sie trugen Güter und Waren an alle Enden der Welt. Aber die Stadt liegt am Boden, sicher habt ihr schon gehört, was geschehen ist.«

Wir hören mit leeren Gesichtern zu und murmeln ein paar nichtssagende Worte. Über das, was uns widerfahren ist, schweigen wir. Trauer und Erschöpfung verschließen uns den Mund.

Wir finden Unterschlupf bei Silim, einem Mann mit

einem breiten, guten Gesicht. Er läßt uns unter dem Dach seines Ziegenpferchs nächtigen. Silim ist der Hausmann von Munussa, die mit ihrem vierten Kind schwanger ist. Vom Dorf aus gehen wir in den frühen Morgenstunden täglich ins Rohr. Silim hat mir sein Grünstein-Haumesser geborgt, das scharf und glatt schneidet. Akunga flicht Binsenseile, die wir brauchen, um die Rohrlagen zu bündeln. Bevor die Sonne im Südpunkt steht, packen wir das geschlagene Rohr auf und schleppen es zum Kanal beim Dorf. Wir würden gern länger im Schilf arbeiten, doch Blut- und Zahnfliegen setzen uns so zu, daß wir es im Feuchtland tagsüber einfach nicht aushalten.

Während der zweiten Tageshälfte gehen wir Silim und seiner Frau zur Hand. Wir schwingen Hacken auf ihren Feldern, die jetzt abgeerntet sind und umgebrochen werden müssen, bevor Silim fruchtbringendes Wasser aus einem der kleinen Sickerkanäle darauf leitet. Munussas kleiner Junge bricht sich das Bein, ich kann es schienen und bin froh, daß ich meiner Ma so oft dabei zugesehen habe, wenn sie einem Tier oder Menschen die gebrochenen Glieder geraderichtete. Von Ma habe ich auch die Kenntnis der heilkräftigen Mittel, die ich während dieser Wochen im Dorf verwende: Senf, Weidenrinde, Thymian, Schildkrötenöl. Leute kommen mit Geschwüren, die ich aufschneide und behandele. Manchmal bespreche ich auch Wunden wie Ma: »Steh still, Blut, steh rasch still, daß er nicht ohnmächtig wird und stirbt!«

Ehe wir abends unser Bier saugen, knie ich mich unter die Ziegen und melke. Akunga sitzt derweil bei ihrem Binsenbündel und stellt Eßmatten und Körbe für unsere Hausleute her. Wir beide reden wenig, hören den Leuten zu und tun auch dann den Mund nicht auf, wenn die Rede auf Kullab kommt. Vor allem dann, wenn Flüchtlinge vorm Dorf stehen und um Nahrung für sich und ihre Kinder betteln. Es sind jämmerliche Gestalten, sie haben die Gesichter zerkratzt, die Rücken zerrissen, die Haare verfilzt. Sie stöhnen, klagen und erzählen vom Elend in der Stadt: Auf Tür und Riegel liegt Staub, die Becher sind mit Asche gefüllt, die Mauern sind abgerissen wie der Pferch eines Hirten, und auf den Straßen wachsen Dornen. Die Menschen laufen rastlos um Speise und werden nicht satt. Die Hacke ruht über dem Ackerland, der Treiber führt das Vieh nicht ins Feld, in den Leibern der Bienen ist kein Honig mehr. Der Markt liegt verlassen, die Mutter verschließt der Tochter die Tür, Brüder verstoßen einander, und die Häuser der Götter stehen leer.
Die Leute im Dorf haben sich an das Wehklagen und den täglichen Anblick der Not gewöhnt. Sie machen ihre Herzen hart und sagen: »Geht weiter, wir haben selbst nicht Zwiebeln und Brot genug!« Nicht selten scheuchen sie die Flüchtlinge gewaltsam aus dem Dorf. Die Männer haben Wachdienste eingerichtet und schlafen nachts mit ihren Waffen neben sich. O Kullab, denke ich, die große Stadt, was ist aus dir geworden! Mit einem Schlag ist dein Reichtum dahin.

Unser Schilfhaufen am Kanal neben Silims Feld ist inzwischen so gewachsen, daß wir uns an den Bootsbau machen können. Wir legen das Gizirohr der Länge nach zusammen, weichen es ein und binden es zu spitz endenden Bündeln zusammen, die den Bootsrumpf abgeben sollen. Wir lassen uns viel Zeit. Enank ist verschollen, nun drängt uns nichts mehr.
Wir haben das Vertrauen der Dorfbewohner gewonnen. Aus den Häusern rufen Kinder unsere Namen, sie kommen mit uns, wenn wir an unserem Boot arbeiten, und machen kleine Handreichungen. Wir erzählen ihnen, wie die Leute im Wasserland leben, und manche möchten am liebsten mit uns fahren. Gemega, das Mädchen vom Haus nebenan, macht mir schöne Augen, und Akunga zieht mich damit auf. Wir schließen Bekanntschaften, mit Dugazi, der sich abends beim Bier ständig mit einer Scherbe kratzt, mit Zamu, der einen Becherbauch hat, und hin und wieder sagt jemand: »Bleibt doch bei uns, ihr beiden. Tüchtige Hände wie eure können wir brauchen. Wir helfen euch ein Haus bauen und geben zur Einrichtung jeder was dazu. Ein Ziegenlämmchen, ein Hackenblatt, und ich habe noch einen Webrahmen übrig, den könnt ihr von mir bekommen.«
Die letzten Tage des Mondes nähern sich zum drittenmal seit meiner Lösung am Nabelstein. Morgen könnten wir fahren, unser Boot ist fertig. Es schwimmt gut auf und läßt sich leicht steuern, wird allerdings kaum lange seine Dienste tun. Gizirohr für gute Arbeiten an

Haus und Boot muß geschnitten werden, wenn Kranich und Graugans ihren Einzug ins Wasserland halten, sonst wird es vor der Zeit stockig und fault. Aber unsere Staken habe ich sorgfältig gewählt und glätte mit einem Reibstein die neuen Paddel. Wir sind stolz auf unsere Arbeit, denn wir haben unser Boot gemeinsam gemacht, und es wird uns heim ins Ambarland bringen.
Ich sitze auf meinen Fersen neben Akungas Flechtmatte, und wir lächeln uns zu. Wir mögen diese Leute, das Dorf ist gut zu uns. Es fällt uns schwer, einfach zu sagen: So, jetzt ist es soweit, wir verlassen euch.
Wie immer sitzen auch heute abend die Leute vor ihren Häusern und verrichten noch kleine Arbeiten, die Hunde dösen und Frösche quarren. Nachmittags ist ein Jäger mit seinem jungen Gehilfen ins Dorf gekommen und bietet seine Dienste an.
»Ja«, seufzt Silim, »die können wir wohl gebrauchen. Wir haben unsere Plage mit dem Raubtiergesindel. Es kommt aber darauf an, was du forderst, viel können wir dir nicht geben.«
Der Jäger kratzt sich die Schläfe. »Was ihr eben im Dorf habt«, erklärt er, »Gewandtücher, Dattelschnaps oder so. Am liebsten Kupfer. Wir können uns nicht mit viel Gepäck abgeben.«
»Wenn es sein muß, wird sich auch Kupfer finden«, meint Dugazi, spuckt Bierspelze aus und kratzt sich.
Ich weiß, daß die Dorfleute viel Kupfer haben, seit die Flüchtlinge aus Kullab kamen und ihr Metall für Mehl eintauschten. Aber Dugazi will handeln, und Silim

unterstützt ihn. »Der En hat es umsonst getan, den Göttern zum Gefallen. Und jetzt sollen wir zahlen«, murren sie.

Der Jäger lacht. »Dafür drückt euch Kullabs Steuer nicht mehr«, sagt er, »und ihr behaltet eure Gerste, den Honig, die Wolle für euch. Umsonst kann ich euch die Felder auch nicht freihalten. Wir beide müssen auch leben.«

Silim und Dugazi stecken ihre Köpfe zusammen und flüstern. Leute aus den benachbarten Häusern kommen dazu und geben ihre Meinung ab. Ein Graubart wirft mit heiserer Stimme ein: »Wir sollten es nicht soweit kommen lassen, daß nachts wieder die Pfotenschleicher um die Häuser schnüffeln. Nennt also dem Mann einen gerechten Preis und versucht nicht, ihn zu drücken.«

»Ihr müßt wissen, was ihr wollt«, meint der Jäger. »Aber ich gebe dir recht, Alter. Es ist, als ob die Tiere merken, das Ur-Mach zu den Schatten ist. Seither kann man beim Jagen die verrücktesten Sachen erleben. Uns zum Beispiel ist drüben, auf der anderen Seite vom Kanal, so was passiert.«

Er holt tief Luft und sieht sich um. Als er merkt, daß alle gespannt zuhören, beginnt er zu erzählen. »Ja, das war drüben, wo das Feuchtland ins Grasland übergeht, genau gegenüber von eurem Kanal. Wir haben die Gruben gerichtet, die Netze gestellt, eben unsere gewöhnliche Arbeit getan. Und noch nie zuvor habe ich erlebt, daß man mir die Netze zerreißt, daß ich meine Fanggruben zugeworfen bekomme. Und jetzt passiert es gleich ein paarmal hintereinander! Ich sage mir, da will uns jemand wegekeln, vielleicht ein anderer Jäger, obwohl das unter uns nicht üblich ist, da spricht man ein offenes Wort und einigt sich. Also sage ich Ezi, meinem Jungen: ›Wir halten umschichtig Wache.‹ Ja, und gleich wie er zum erstenmal Posten bezieht, ist es passiert. Der Junge kommt zu mir gestürzt und schreit nach mir: ›Akalla, Akalla‹, ruft er, ›ich habe ihn gesehen!‹

›Wen?‹ will ich wissen.

›Der unsere Netze zerreißt‹, heult er. Ich springe auf und schreie: ›Also doch! Hast du ihn erwischt, den Dieb? Wer ist es?‹ Aber aus dem Jungen bekomme ich einfach kein klares Wort mehr heraus. Er redet von einer riesigen Gestalt, die will er gesehen haben, groß wie der Himmelsstier, und alles an ihm voll Haare. Dieses Unwesen habe die Netze abgerissen und sei dann mit den Gazellen davongerannt. Natürlich habe ich das dem Ezi nicht abgenommen. Ich dachte, der hat einfach seine Wache verschlafen, und jetzt erfindet er eine Geschichte. Aber, liebe Leute, kurze Zeit darauf habe ich dieses Wesen selber gesehen. Aus nächster Nähe, mit diesen meinen Augen! An einer Wasserstelle hockte der Mann, wenn es überhaupt einer ist, zwischen den Tieren, die da zur Tränke gehen. Ja, und er schaute genauso aus, wie der Junge ihn beschrieben hatte. Bevor ich einen Gedanken fassen konnte, brüllt Ezi auch schon los: ›Da ist er!‹ Die Gestalt springt auf, starrt zu uns ins Gebüsch und geht auf uns los. Ein Kerl, müßt ihr wissen, als hätte ihn Innin, die Gottherrin, selbst aus

Lehm gebacken und auf die Steppe geworfen. Da habe ich nicht erst gewartet, sondern bin zusammen mit dem Jungen gerannt. Zwei Tage später taucht dieses Unwesen nocheinmal auf. Wie aus dem Boden gewachsen steht er plötzlich neben dem Jungen, reißt ihm Bogen und Pfeile weg, bricht alles kurz und klein und verschwindet. Jetzt frage ich euch, Leute, was soll man von so einer Sache halten? Und das passiert sozusagen hier vor eurer eigenen Haustür.«

Alles redet durcheinander. Nur Ezi schweigt, wie er während des ganzen Berichts geschwiegen hat, und schneidet mit seinem Fangmesser an einem Stück Leder herum. Silim beugt sich vor und faßt ihn beim Arm. »Und das stimmt«, fragt er ihn, »du hast dieses Wesen gesehen?«

Der Junge nickt.

»Und von nahem?« forscht Silim weiter.

»Ganz nah«, bringt Ezi heraus.

»Dann mußt du sein Gesicht gesehen haben«, meint Silim, »und wirst sagen können, ob es von einem Menschen ist.«

»Ja, wie bei einem Menschen«, bestätigt der Junge, »aber sonst haarig wie ein Tier. Und oben am Kopf war eine dicke rote Narbe. Die habe ich genau gesehen.«

Ich vergesse zu atmen und stoße Akunga an. Sie starrt auf den Jungen, ihre Hände stocken beim Flechten, bleiben mitten in der Luft stehen. Akalla, der Jäger, bringt seine Rede wieder auf die Preise, aber wir hören nicht mehr, wie die Männer mit ihm einig werden.

Akunga legt die Binsen auf die Matte, steht auf, und ich nehme meine Paddel unter den Arm und folge ihr. Wir laufen vors Dorf, wo unser Boot auf dem Wasserdamm liegt.

»Es ist Enank«, sagt sie, »du hast es gehört.«

Ich schaue sie an. Akunga muß den Zweifel in meinen Augen bemerkt haben, denn sie fügt hinzu: »Diesmal werden wir ihn finden. Ich weiß es bestimmt. Morgen früh schwimmen wir über den Kanal.«

Wir bitten Silim, unser Boot noch einige Tage bei seinem Feld lassen zu dürfen. »Wir wollen noch einmal ins Rohr, tiefer hinein« sagen wir ihm.

»Nehmt euch in acht vor den Schlangen«, warnt er. »Wir haben dem Jäger für zehn Köpfe einen Kupferring ausgesetzt. Die gehörnten Schlangen sind dieses Jahr besonders wild.«

Wir versprechen, die Augen offen zu halten. Morgens melken wir uns Ziegenmilch in den Mund, laufen zum Wasser, schwimmen los und stehen mittags bereits am Rand des Graslands. In seiner ganzen Weite liegt es vor uns, und wieder kommen mir Zweifel. Wohin sollen wir uns wenden? In welcher Richtung suchen? Unwillkürlich beginne ich hastiger und schneller zu gehen.

»Dim«, sagt Akunga, »uns drängt nichts, wir haben alle Zeit, die wir brauchen. Unser Boot liegt bereit, wir können jederzeit umkehren, zurückgehen und unser Boot ins Wasser bringen. Was hetzt du?«

Ich versuche nicht, mich zu verteidigen. Ich merke, wie mich die Unruhe treibt. Von Ankunga dagegen geht

eine große Ruhe aus. Sie ist ihrer Sache so sicher, denke ich, als säße Enank schon vor uns im Boot.
Tagelang gehen wir tiefer in die Steppe hinein, von einem Wasserloch zum nächsten. Würde uns ein Tier anfallen, wären wir verloren, denn ich habe nur mein Messer im Hüftband. Aber wir denken an keine Gefahr. Uns ist, als könne uns nach den Schrecken, die wir zusammen teilten, jetzt nichts mehr treffen.
Es ist die Zeit des Jahres, wenn vor der Morgendämmerung das Sternbild der sieben Schwestern über dem östlichen Himmelsrand aufgeht. Wir erleben drei, vier Regenfälle mit Gewittern. Der Wind bläst stetig von Norden oder Westen, er tut gut, bringt Kühle in die heißen Tage.
Nach einem großen Bogen sind wir schon fast wieder zu unserem Ausgangspunkt zurückgekehrt. Ich erkenne das knochenweiße Baumskelett einer Akazie wieder, an der nur noch ein einziger dünner Zweig Leben zeigt. An diesem Mittag stoßen wir zum erstenmal auf eine mögliche Spur, wir entdecken menschliche Zehenabdrücke im Schlamm vor einem Wasserloch. Wir glauben sogar in der Ferne zwischen äsenden Steppentieren eine menschengleiche Gestalt auszumachen, aber die Sonne steht uns zu grell entgegen, als daß wir sicher sein könnten.
Abends bekommen wir ihn zu Gesicht, und es ist wirklich Enank, ohne Zweifel. Ich erkenne ihn sofort.
Er kommt mit bloßen Hüften zwischen Onagern und anderem Wildgetier herangetrabt, schlürft auf dem

Bauch liegend Wasser, geht zwischen den Tieren umher und kaut eine Wurzel. Die Abendsonne steht ihm ins Gesicht, läßt seine Haarmähne aufflammen. Ja, sein Körper ist mit Haaren bedeckt, doch mein Bruder hatte schon immer schönes, langes Körperhaar, vorn auf der Brust und den ganzen Rücken hinunter. Ausgebleicht von der Sonne ist es jetzt nur heller als früher, ist noch mehr gewachsen, und das Kopfhaar steht ihm ungebändigt um Nacken, Kinn und Stirn. Er läuft auf ein Wildeselfohlen zu, rollt sich mit ihm im Gras, zieht sich an seiner Mähne hoch, kniet sich unter die Mutterstute und saugt. Im Ufergeäst verborgen verfolgen wir jede seiner Bewegungen. Ja, es ist Enank.
Wie gut ich einzelne Gesten von ihm kenne! So wie er nun dasteht, unter sich schaut und über seine Stirn streicht, als müsse er sich angestrengt auf etwas besinnen, was seinem Gedächtnis entfallen ist. Mein Bruder war oft mit seinen Gedanken weit weg, und wenn ich etwas von ihm wollte, mußte ich Geduld haben und ihn vielleicht noch ein zweitesmal fragen, bis ich eine Antwort bekam. So ein nachdenkliches Gesicht macht Enank auch in diesem Augenblick. Es ist, als suche er nach einer Erinnerung, die so fern ist, daß ihre Bilder ihn nur noch wie Schatten erreichen.
Aber dann stampft er mit einemmal auf, wirft den Kopf in den Nacken, zieht die Schultern hoch und lacht. Er lacht so laut, daß wir zusammenfahren. Aber es ist ein gutes Lachen, eins, das von tief unten aus dem Bauch kommt und nicht mehr aufhören will. Eigentlich ist es

schon kein Lachen mehr, sondern einfach bloß Lebenslust, die sich Luft macht.
Ich greife nach Akungas Arm und halte mich mit starren Fingern an ihr fest. Nein, es ist kein Wunder, daß dieser ungebärdige, buschige Mann zwischen den Wildtieren den Jäger und seinen Gehilfen in Angst und Schrecken versetzte. Aber zum Fürchten ist mir nicht. Eher so etwas wie eine große Scheu überkommt mich. Wie wenn es im Schilfdickicht flirrt, Licht auf kurzen Wellen tanzt und du plötzlich weißt: die Mutterfrau ist da, das ist ihre Gegenwart. Es kann auch ein einzelner Vogelruf sein, oder auch nur ein Hauch auf deinem Gesicht, der Flügelschlag eines Nachtschmetterlings, aber etwas in dir steht plötzlich still. So geht es mir mit Enanks Lachen. Aber zugleich bin ich traurig. Ich weiß, jetzt habe ich meinen Bruder abermals an die Große Mutter verloren, diesmal unwiederbringlich.
Wir drücken uns aneinander und bleiben im Versteck, bis Enank mit den Tieren zurück in die Steppe trabt und nach einiger Zeit hinter einer Baumgruppe verschwindet. Wir haben nicht gewagt, ihn anzusprechen oder uns Enank zu zeigen.
Später suchen wir uns in genügender Entfernung von seinem Wasserloch einen Schlafplatz für die Nacht. Wir liegen zusammen und nehmen einer am Schweigen des anderen teil. Wir brauchen uns nicht zu besprechen und mit Worten auszutauschen.
Am folgenden Abend sagt Akunga zu mir: »Dim, laß mich allein zu Enank gehen.«

Ich nicke ihr zu. Ich weiß, daß es so richtig ist. Wenn er mich sieht, kommt vielleicht alles bei ihm zurück. Die Erinnerung an Kullab, die brennende Stadt, der Turm, unser schrecklicher Kampf. »Ja, du gehst, ich warte hier«, sage ich.

Ich blicke Akunga an. Sie ist sehr schön. Ihre braune Haut hebt sich scharf von ihrem hellen Hüftband ab, und ihre Brüste sind rund und glatt. »Ja, du gehst, das ist gut«, wiederhole ich, drücke meine Stirn an ihre Schulter und setze mich dann ins Gras. Akunga kniet sich zu mir. Ihre hellbraunen Augen sind groß und weit geöffnet. Sie küßt mich, steht auf, berührt meinen Kopf mit ihrer Hand und läuft in Richtung von Enanks Wasserstelle davon.

Ich suche keinen Schlaf, wache und begleite den Augenstern des Skorpions, der den südlichen Himmelssaum entlangwandert, bis im Osten das Gestirn der sieben Schwestern erscheint. Ich gehe langsam in die Richtung der Wasserstelle, erkenne im ersten Frühlicht Akunga und Enank. Sie stehen zusammen und verschränken die Hände, wie es Liebende tun. Ich kehre mich ab, durchstreife das Grasland. Bienen arbeiten im Honig, ich finde eine halb gefüllte verlassene Wabe, Mannakörner wehen von den Tamariskensträuchern. Auf dem Bauch liegend zähle ich die Tiere des Graslands, mit dem Arm unterm Kopf verfolge ich den Weg der Sterne. Wieder wacht das Auge des Skorpions mit mir durch die Nacht. Alle Unruhe fällt von mir, ich warte und weiß: Was geschieht, wird richtig sein. Keinesfalls will ich Enank an die Hand nehmen und zurückholen. Einmal habe ich ihn der Großen Mutter abgebettelt, ein zweitesmal tu ich es nicht mehr. Er hat sie hier im Grasland gefunden, und wenn er bei ihr bleiben muß, darf ich nicht widersprechen.

Das Sonnengestirn und die erste scharfe Sichel des jungen Mondes tauchen nacheinander unter den Himmelsrand. Die Müdigkeit löst meine Glieder und trägt mich in tiefen, traumlosen Schlaf. Als ich erwache, ist Akunga da, allein. Sie steht über mir, schaut mich an. Meine Augen fragen, und sie legt ihre Hand auf den Leib und lächelt mir zu.

Zwei Tage später legt unser Boot zur Heimfahrt ab. Ich sitze hinter Akunga, meiner Frau. Unsere Paddel tauchen links und rechts gleichzeitig ein, wir bewegen die Arme in müheloser Eile. Bald werden wir die Schilfrohrgefilde wiedersehen, unser Wasserland, in dem die Mutter von Ambar ihre ersten Hervorbringungsschritte tanzte.

Ich träume. Mir träumt, daß ich mich träumend frage: Das habe ich so oft im Traum gesehen – und jetzt erlebe ich es wirklich? Da sind die Arbeiter, die bei den Lehmgruben Ziegel machen, unter ihnen eine ziegelstreichende Frau. Man gestattet ihr nicht, zum Gebären wegzugehen, ziegelstreichend gebiert sie, ihr Kind unter sich streicht sie weiter Ziegel. Wieder erkenne ich die

Hütten auf den Rampen des Turms, in denen die Erdpechkocher, Mattenverleger und Maurer leben, denn der Weg zur Erde ist längst zu lang geworden. Wie schon so oft faßt mich der Sog, der Raum schwillt an, ich sehe ins große Leere, das Auge kann sich nirgends festhalten, der Turm ist das einzig Wirkliche, das es noch gibt. »Hört auf«, schreie ich, während die Weißröcke mit Meßschnüren, Lot und Peilholz hantieren, Körbe und Ziegel berechnen. »Hört endlich auf«, schreie ich, »ihr verbraucht ja die ganze Erde!«
»Dazu ist es zu spät«, höre ich sie antworten, »wir haben schon zuviel in diese Sache hineingesteckt. Jetzt können wir nicht mehr zurück.«
Atemringend setze ich mich auf. Frösche schnarren, ich höre eine Frau weinen. Das wird Tunnum sein, die um ihr totes Kind trauert. Ich hatte ihrem Mädchen nicht mehr helfen können, denn ihr Gesicht war bereits schwarz, und dunkles Blut stürzte ihr aus Nase und Mund. Das Weinen geht in Schluchzen über. Draußen im Sternenlicht erkenne ich den Schatten von Qet, sie grunzt und stöhnt leise im Schlaf, auf ihrem breiten Rücken liegt unser Hund. Die sieben Schwestern stehen bereits am Himmelsrand, bald wird es tagen. Ein Mondjahr ist es jetzt her, daß wir zurück in unser Hausinseldorf kamen. Ich lausche auf Akungas Atem, beuge mich über das Kind zwischen uns und lege mich wieder hin. Langsam komme ich zur Ruhe. Es ist dieser Traum, der ständig wiederkehrt und mich erschreckt. Ich versuche alles, um ihn loszuwerden. Ich träume im Traum, daß

ich träume, und während ich im Traum erwache, sehe ich die ziegelstreichende Frau, die Hütten der Arbeiter auf den Rampen des Turms. Die Bilder lassen sich nicht vertreiben, der Turm wächst weiter, er ist stärker als ich. Aber wir haben heimgefunden, wir beide, nein, zu dritt. Bei Enank im Grasland hat Akungas Kind zu ihr gefunden.

Unsere Hausinsel lag noch am selben Platz, als wir in unser Dorf stakten, und jetzt redet niemand mehr vom Wegziehen. Als die jährliche Flut einsetzte, haben Asal und ich unsere Hausfundamente neu befestigt. Auch die abgebrannten Inselhäuser sind inzwischen durch neue ersetzt. Als Kranich und Graugans aus den Fremdländern gezogen kamen, banden wir Rundbögen und flochten neue Dachmatten.

Um diese Zeit konnten wir zum erstenmal sehen, daß Akunga mit neuem Leben ging. Außer ihr und mir weiß allerdings nur Sibar, daß es Enank war, der dem Kind den Schoß geöffnet hat. Aber ich muß es im Gedächtnis behalten, so wie ich unsere Fahrt ins Lehmland nicht vergessen darf. Ich präge mir unsere Geschichte ein, Wort für Wort, denn einmal werde ich sie Akungas Kind weitererzählen. Ich liege abends neben ihr auf der Schlafmatte und halte ihre Hand, die Hand der Frau, zu der ich gehöre. Ich schüttele den Kopf über mich, wenn ich an meine Angst von damals denke, allein zu ihr ins Haus zu ziehen, ohne Enank, meinen Bruder. Jetzt lache ich darüber und drücke ihre Hand. »Weißt du noch?« frage ich und erzähle von Subaba, der die Große

Mutter von Ambar kannte. Als ich Akunga mit ihrem Kind von der Schwarzinsel, dem Gebärplatz der Frauen, holte, habe ich für ihn ins Wasser gespuckt, wie ich es ihm versprochen hatte.
Ich erzähle und erzähle.
»Vergiß nicht die Sache mit dem Eßhaus und deinem Messer«, erinnert sie mich, »daß auch mal was Lustiges in deiner Geschichte vorkommt!«
»Aber ist das so lustig«, frage ich sie, »wenn die Menschen damit anfangen, sich für alles bezahlen zu lassen, wenn nichts mehr umsonst ist auf der Welt?«
Aber ich verstehe schon, was Akunga meint. Unsere Geschichte ist nicht mit den gemütlichen Dorftratschgeschichten zu vergleichen, mit denen wir uns in der dunklen Jahreszeit bei guter Laune halten und die Langeweile vertreiben. An Kullabs Turm ist nichts zum Lachen. Trotzdem darf diese Geschichte nicht vergessen werden. Ich muß sie mir beim Futtermachen, beim Melken, draußen beim Fischstechen Wort für Wort ins Gedächtnis einprägen, denn sie gehört dem Kind, das neben mir atmet. Ich taste mit der Hand nach ihm, ich spüre die Wärme des kleinen Körpers. Es ist gut, daß es dich gibt, sage ich in Gedanken. Sonst wäre es eine ganz hoffnungslose Geschichte.
Ich verlasse im Dunkeln unsere Matte, taste nach Sichel und Messer und gehe durch den Pferch hinaus. Ich öffne unseren Büffeln das Gatter, daß sie zu ihren Freßplätzen können. Aber es ist noch zu früh für sie, nur der Hund auf Qets Rücken streckt sich und hebt die

Schnauze. »Komm, Fuflun«, flüstere ich ihm zu, »Futtermachen!«
Bis wir am Spatzen-Arm sind, ist es hell. Der Wind bläst warm von Süden. Er kommt um diese Jahreszeit vierzig Tage aus der Mittagsrichtung, die Wasser fallen und werden flach, und die Fische ziehen sich in die tieferen Flußarme und Lagunen zurück. Das Boot stößt an, Fuflun rennt ins Schilf, und ich beginne mit der täglichen Arbeit.
Als ich zurückkomme, haben die Büffel den Pferch verlassen. Ich lade das Grünfutter aus, das sie für die kommende Nacht brauchen. Akunga ist auf, sie sitzt im Haus und hält ihrem Kind die Brust in den Mund.
»Mein Mann«, sagt sie, »ich weiß nicht, wie du das machst. Bestimmt war noch niemand im Schilf, nur du.«
»Och«, mache ich und habe beinahe das Gefühl, mich entschuldigen zu müssen, »so früh war es auch wieder nicht, und mir war zu warm, ich mochte nicht mehr liegen.«
»Setz dich zu uns«, sagt Akunga, »Temar macht dir Pfannenbrot.«
Ich begrüße Temar und erkundige mich nach ihrem geschwollenen Knie. »Hast du schlafen können?« frage ich.
»Nicht gut«, erwidert sie. »Ich merke, wenn der Wind geht, dann tut es immer besonders weh. Hier ist dein Pfannenfladen, drüben steht Honig oder Sauerrahm.«
Ich sitze und kaue, beuge mich über das kleine Köpfchen. Milchfäden laufen dem Kleinen aus dem Mund, es

schmatzt, verliert die Brust und verzieht sein Gesicht.
»Hier, du Dummes«, lacht Akunga, »es gibt noch mehr!«
Ich sehe es an und denke, vielleicht hat Enank als kleines Kind auch so ausgesehen, wer weiß, vielleicht wird es ihm wirklich ähnlich. Als ich Akunga und ihr Neugeborenes vor drei Mondzeiten von Sibars Insel holte, habe ich von dem Kleinen als erstes einen riesigen Haarschopf gesehen, und Akunga zeigte mir den goldenen Haarpelz zwischen seinen Schultern.
»Komm, laß mich mal halten«, bitte ich Akunga. Ich lege mir das Köpfchen an die Schulter und klapse, bis das Kleine aufstößt. Es kräht und fühlt sich wohl.
Akunga lächelt mir zu. »Weißt du noch?« frage ich.
»Ja«, erwidert sie, »ich weiß alles, Wort für Wort, du erzählst es mir so oft, daß ich es auswendig kann. Dieser Mann ist ein Geschichtenerzähler«, sagt sie ihrem Kind und lacht. »Nimm dich in acht vor dem, der merkt sich alles, der vergißt nichts. Aber manchmal mogelt er auch. Du mußt ihm nicht alles glauben.«
Lugin kommt von der Tonbank unter dem Rieddach ins Haus. Vorsichtig trägt sie einen frischen Topf. »Ist es so richtig?« will sie wissen und zeigt auf die Griffhenkel, »sehen sie so aus in der Stadt?«
»Genau«, bestätige ich, nehme Lugin das Gefäß sacht aus den Händen und mustere es rundum. »Nur ist deiner schöner, weißt du. In Kullab haben sie schlechten Lehm.« Ich zwinkere ihr zu. »Paß auf, jetzt kommt noch eine Nase«, sage ich und greife in den Ton, ziehe die

Nase heraus, stupse Augen in den Wulst und setze einen Mund darunter. »Jetzt hat er ein Gesicht!«
Lugin weiß nicht, ob sie schimpfen oder lachen soll. »Das gilt nicht«, ruft Akunga von den Herdsteinen her, »Ambar ist nicht Kullabstadt, Männer haben am Ton nichts verloren. Nimm deinen Topf, Lugin, ich komme gleich und wir malen.«
»Schon gut, schon gut«, brumme ich begütigend und wechsele mit Asal einen Blick. Der streckt sich am Feuer und lacht mir verstohlen zu. Ich habe Asal von Kullab erzählt, wo die Frauen verstreut unter den Männern wohnen, nur reden, wenn sie gefragt werden, und vor den Männern tanzen. »Das mag ja alles sein«, hatte Asal geantwortet, »aber wir sind gewohnt, daß die Mutter über allem ist, und keiner will es anders haben, oder du etwa?«
»Nein, ich bestimmt nicht«, hatte ich abgewehrt, »nicht um mein Leben.«
Manchmal, allein draußen im Schilf, spüre ich sie, die Mutterfrau von Ambar. Ich suche ihre Hilfe, wenn ich Wunden bespreche oder ein verrutschtes Gelenk wieder in seine Lage bringe. Aber niemals werde ich, wie Sibar das tut, den Lebensatem eines Toten, der den Weg zur Mutterfrau nicht findet, zu ihr geleiten. Und niemals wieder will ich hingehen und das Leben eines Menschen von ihr zurückerbitten. Als ich damals der Reiherente, Enanks Seelenvogel, nachtauchte, auf den Grund des Wassers ging, da habe ich das Gesicht der Mutter gesehen. Ich will es nie wiedersehen. Denn es war von

Haaren verhangen, schwarz, tränenüberströmt. Sie saß auf ihren Fersen, ungepflegt, die Sünden der Menschen machen sie krank. Jemand muß kommen, der ihr die Haare kämmt, aber ich bin das nicht. Das habe ich Sibar auf der Insel gesagt, und sie hat es verstanden. Ein anderer muß es für uns tun. Bald, denn sonst ist es zu spät.

Das Schilfhaus ist verlassen, nur das Kind liegt in seinem Schlafnest und macht kleine Geräusche. Akunga, Temar und Lugin sitzen draußen an der Tonbank. Asal ist mit dem Nachbarn, Katabs Hausmann, zum Fischen gefahren. Ich sitze und ziehe mit einem spitzen Rohr scharfe Linien in den Boden, ein Gitternetz wie an Enanks Bauhauswand, und sage mir halblaut die ersten Sätze meiner Geschichte vor:

»Damals hatte die Erde einerlei Zunge und Sprache. Als sie vom Osten aufbrachen, fanden sie eine Ebene im Land und setzten sich dort fest. Sie sprachen einer zum anderen: ›Auf, wir streichen Ziegel!‹ Ziegel dienten ihnen als Stein, und sie banden die Ziegel mit Erdpech. ›Auf‹, sprachen sie, ›bauen wir eine Stadt, einen Turm mit seinem Kopf bis zum Himmel. Machen wir uns einen Namen, daß wir nicht zerstreut werden über das Antlitz der Erde!‹«

Das war der Anfang ihres Tuns, überlege ich. Von allem, was sie planten, schien nichts mehr unmöglich. Bis sich ihre Pläne verwirrten, daß keiner mehr den Mund des anderen verstand, und sie aufhören mußten zu bauen.

Ich halte inne und wiederhole den Satz: »Sie mußten aufhören.« War das so? Ja, bestätige ich mir, nicht freiwillig haben sie Schluß gemacht, nicht aus Einsicht, sondern weil sie aufhören mußten. Und weil das so ist, werden sie immer wieder versuchen, neu damit anzufangen.
Doch meine Hoffnung ist dieses Kind. Vielleicht hat es sein Leben, um diese Geschichte an andere weiterzugeben, vielleicht werden die Menschen doch nachdenklich, vielleicht kehren sie doch um. Vom Himmel zurück auf die Erde, von Kullab heim ins Wasserland, wie Akunga mit mir.
Ich rufe in Gedanken für das Kind den Namen, der gut sein wird, die Gottheit, wie Sibar sie nannte. Wird das Kind ihren Namen erfahren?
Ich scharre mit dem Fuß über die Linien und wische sie aus, stehe auf und erinnere mich, daß ich versprochen habe, Rapi zu helfen. Er kommt aus Kullab, ein Stadtflüchtling, der sich bei uns niederlassen will. Ich werde mit ihm eine schwimmende Insel festmachen, daß ein Haus darauf stehen kann. Und bei der Arbeit werde ich von Kullab erzählen.
Draußen vor dem Haus bleibe ich bei Akunga stehen. Sie bemalt die Gefäßwand eines Kugeltopfes mit schwarzer und roter Farbe. Ich erkenne die Zeichnung der Mutterschlange von Ambar.
»Geh aus dem Licht«, bittet sie.
Ich trete zur Seite. »Du weißt, wo ich bin«, sage ich. »Bei Rapi, dem Mann aus Kullab.«

»Solange ihr mit der Hausinsel zuwege seid, kann seine Frau hier bei uns sitzen. Sag ihr das«, trägt Akunga mir auf, »sie kommt aus der Stadt und weiß nicht, wie wir im Wasserland leben. Temar und ich müssen mit ihr darüber reden.«
»Ja«, antworte ich, »das müßt ihr tun.«

Nachwort

Dim und Akunga kommen aus einer fernen Vergangenheit in unsere Gegenwart. Sie denken in anderen Bildern als wir, ihre Gewohnheiten und Gebräuche sind für uns fremd. Doch bei näherem Hinsehen verringert sich der Abstand zwischen ihnen und uns, entdecken wir in den Anfängen der geschichtlichen Überlieferung die Herkunft von uns selbst. Der Turm zu Kullab wirft seine Schatten bis in unsere Zeit.

Zum besseren Verständnis der Zusammenhänge soll der folgende Informationsteil dem jugendlichen und auch dem erwachsenen Leser weiterführende Auskünfte zum geschichtlichen Hintergrund dieses Buches geben.

Aus den lehmigen Niederungen des Zweistromlands von Euphrat und Tigris wachsen vor 5000 Jahren die ersten Himmelstürme hervor. Sie erreichen im Lauf von Generationen Höhen, denen bei uns Hochhausformate von 25 bis 30 Stockwerken entsprechen. Städtische Ballungszentren entstehen in ihrem Schatten, Herrschaft, Verwaltung und Bürokratie organisieren sich, die Landschaft wird verplant und aufgeräumt, die ersten Räder rollen, arbeitsteilige Massenproduktion kommt mit der maschinell betriebenen Töpferscheibe in Gebrauch, Schriftzeichen werden erfunden, die Kunst, »Zahlen einander gegenüberzustellen«, rückt zur Wissenschaft auf, das Zeitalter der Datenverarbeitung bricht sich Bahn. An seinem Anfang stehen die Türme, die Turmphantasien des Volks der Sumerer. Mit ihnen beginnt die Produktions- und Wirtschaftsgeschichte der Neuzeit.

Kullab, das spätere Uruk, ehedem eine der mächtigsten Städte im südlichen Zweistromland, errichtete seinen Göttern einen »Hochsitz«, dessen unterste Plattform allein jahrelang die Arbeitskraft von 1500 Menschen beanspruchte. Noch riesenhaftere Zikkurats, wie man dann in Babylon die Himmelstürme nannte, entstanden nicht lange darauf in anderen Städten. Jede Stadt eiferte um den höchsten Hausberg. Eine archäologische Bestandsaufnahme zählt

23 Städte mit 33 Zikkurats. Zum Symbol für alle wurde der sagenhafte Turm zu Babel.
Die Tonschrifttafeln unserer Museen verraten die grenzenlose Verehrung, mit der die Bewohner des Zweistromlands von ihren Turmbauwerken sprachen. »Sein Ruhm deckt alle Länder zu«, heißt es dort etwa. Oder: »Dein großes Fundament kann niemand zerstreuen, deine Umfassung ist ein mächtiger Wall, der inmitten des Himmels schwebt.« Im Hausberg der Götter, dem du-ku, »wohnt der große Schrecken«, die Gründung ihres Hauses ist »ein Gebirge am Meer«, »vom Ende des Himmels bis zu seiner Höhe kommt nichts ihm gleich.«
Wir, weitaus gigantischere Baumassen, Hochhausblöcke mit mehr als hundert Stockwerken gewohnt, mögen das alles als Worthochstapelei belächeln. Doch wenn wir unsere Raumfahrt, die gerade ein paar Minuten von kosmischen Lichtjahrmilliarden überbrückt, als Vorstoß in den Weltraum ausgeben, klingt das kaum weniger komisch. Hier wie dort übersteigert eine gewalttätige Phantasie das Maß unserer tatsächlichen Fähigkeiten.
Östlich von Kullab geht das Lehmland ins Wasserland über, dessen vorsumerischer Name Ambar ist. Es erstreckt sich zwischen den Unterläufen der beiden Ströme Euphrat und Tigris, und seine Ausdehnung entspricht etwa der Fläche von Schleswig-Holstein. Unzählige Wasserläufe durchziehen seine Schilfwälder, die Höhen von acht bis zwölf Metern erreichen. Binsengräser, Schwimmfarn, Knöterich, Sumpfrosen und Hahnenfußgewächse überwuchern die moorigen Inseln. Vereinzelt finden auch Bäume, Pappeln, Tamarisken und Weiden festeren Wurzelgrund. Immer wieder öffnen sich fischreiche Lagunen, in denen Millionen und Abermillionen von Wasservögeln ihre Nahrung finden. Adler kreisen im Aufwind, ganze Herden von riesenwüchsigen Wildschweinen wühlen im Schilf.
Schon lange bevor die Sumerer auf den Lehmbänken der großen Flüsse ihre Zikkurats errichteten, waren in Ambar Menschen zu Hause. Sie befestigten treibende Inseln, bauten Schilfhäuser

darauf, trieben Wasserbüffel in die Futtergründe und stakten in ihren Rohrbooten die Wasserpfade entlang, wie es noch jetzt die Ma'dan tun, ihre entfernten Nachkommen, die heute hier leben. Wie die meisten vorgeschichtlichen Völker verehrten wohl auch die Schilflandbewohner die Große Mutter. Vielleicht übernahmen sogar die Städter aus Ambar das auf vielen Tontafeln wiederkehrende Zeichen für Uruks Göttin Innin, den als ihre Standarte geheiligten Schilfringknoten. Er wurde der Göttin bei kultischen Anlässen vorangetragen und wachte über den Rinderpferchen der Stadt als ihr göttliches Schutzzeichen.

Die Religion der Großen Mutter hat von der Altsteinzeit an die Menschen begleitet, mehrere zehntausend Jahre lang. Ihre Lieder und Tänze, Opferriten und Gebote sind verschollen, denn eine schriftliche Überlieferung gab es in den Mutterkulturen nicht. Das ist kein Zufall. Erst die Verstädterung erzwang in Sumer die Erfindung von Schrift, das heißt einer datensichernden Überlieferung für Meß- und Zählverfahren. So sind wir heute weitgehend auf archäologische Spurensicherung, interkulturelle Vergleiche und Vermutungen angewiesen, wenn wir die Religion der Großen Mutter nachzeichnen wollen.

Verborgen erhält sich ihre Verehrung bis in die spätrömische Zeit der Mittelmeerwelt. Den Männergöttern gelingt es erst nach und nach, die Religion der Großen Mutter zu verdrängen. Viele Texte, die ihr Andenken bewahren, dokumentieren diesen Vorgang, an dessen Ende sich die Vatergottheit allein als Schöpfer allen Lebens behauptet. Ursprünglich war es anders. Da ist es die Große Mutter, »die von sich her ist«. »Sie braucht keines Mannes Kraft«, heißt es von ihr. »Bevor noch zwei Dinge sind«, erweckt sie in ihrem Schoß Leben, gebiert die Himmelserde, teilt die Wasser, läßt Pflanzen sprossen, knüpft die Keime von Tieren und Menschen, pflanzt Sterne ins Gefäß des Himmels und führt ihren Sohngeliebten, den Mond, mit der Sonne, seinem Brudergestirn, über die Himmelsränder.

Die Muttergottheit hat im ganzen Umkreis der alten Welt ihre

Spuren hinterlassen. In kleinen, oft nur handgroßen Figürchen der Sammler und Jäger, die ihr als Gebärerin huldigten, oder in den kreisförmigen Zeichen an den Wänden der Megalithgräber, die Augen und Brüste der Großen Mutter darstellen. Alte Fresken zeigen sie auf Leoparden reitend, Stiere werden ihr als Opfergaben dargebracht, und wenn sie auf Bildern als Tänzerin erscheint, stiften ihre Hervorbringungsschritte die heiligen Stätten, den Nabel des ersten Ortes.

Die Tonschrifttafeln der Flußkulturen rühmen sie unter endlos wechselnden Namen. Die Mutterfrau gibt süße Luft dem, der sie liebt, sie nährt das Junge im Ei, die Vögel tanzen vor ihr auf den Flügeln, sie läßt die Fische zwischen den Ufern froh sein. Ihr Kopf steigt aus dem Schlangenring, sie ist die Mutter der Lieder und Tanzgeräte, die Mutter des Samens, sie öffnet den Schleier der Mädchen, gebiert und nimmt ihre Kinder und Geschöpfe zurück in ihren Schoß. Das Springseil, die Schlinge des Fingerschnurspiels wie auch der große Schilfringknoten im Kultheiligtum von Uruk sind ihre Zeichen.

Ihre Wohnung ist die durchwurzelte Dunkelerde, das Wasser der Tiefe und des Quells, der Nachtschatten und immer das fruchtbare Große Unten mehr als die leere Öde des Tageshimmels. Die Zeit der Muttergottheit geht nach dem Mond, zählt nach den Tagen der Frauen, deren Blut der Sohngeliebte ruft, wenn er vollgeworden ist. Unsere Siebentagewoche ist noch eine entfernte Erinnerung an den Kalender der Mutterfrau, ebenso das nach dem ersten Frühlingsneumond berechnete Faschings- und Osterfest. Ihr Tag beginnt nicht mit dem Aufgang der Sonne, sondern mit deren Untergang, mit der Nacht, wie es noch heute z. B. beim jüdischen Sabbat der Fall ist, der am Freitagabend beginnt. Das geschwungene Gehörn des Stiers versinnbildlicht den Aufgang des Mondgestirns, der als Geliebter ihren Schoß verläßt, sterbend einkehrt in ihr Dunkel, um nach drei Tagen wieder aufzuerstehen. Allem Anschein nach läßt sich der Mondkalender in der Geschichte der Menschheit bis ans Ende der mittleren Steinzeit zurückverfolgen.

In Frankreich fanden Forscher die Platte eines Rentiergeweihs, auf dem die Menschen des Cromagnon vor ungefähr 30000 Jahren die Mondphasen in ihren wechselnden Folgen darstellten.
Die Religion der Großen Mutter ist eine Frauenreligion. Die weibliche Mondzeit, Geburt, Stillen und Nähren sind heilige Angelegenheiten, an denen Männer überhaupt nicht oder nur mittelbar Anteil haben. Erst durch Beschneidung der männlichen Vorhaut, die das Blut des Jungen mit der Mutter verbindet, wird der junge Mann kultfähig und darf an den Riten, Tänzen und Liedern der Männer zu Ehren der Mutter teilnehmen. Von den heiligen Orten des Mondbluts und der Geburt bleibt er zeitlebens ausgeschlossen. In der Bibel erinnert ein alter, vorschriftliche Überlieferung bewahrender Vers an das Mutterrecht der frühesten Gesellschaften: »Darum wird ein Mann Vater und Mutter verlassen und an seiner Frau hängen.«
Die Frauen und Mädchen bleiben im Dorf, bilden eine vielfältig blutsverwandte Gemeinschaft, die jungen Männer dagegen heiraten nach auswärts. Manchmal treffen wir auch in der Überlieferung auf Spuren der Mehrehe, in der eine Frau mit zwei oder drei Männern zusammenlebt. Ein sumerischer Herrscher stellte um 2400 vor unserer Zeitrechnung diese mutterrechtliche Eheform ausdrücklich unter Strafe. In diesem Gesetzestext heißt es sinngemäß: »Zu früheren Zeiten pflegten Frauen zwei Männer zu nehmen. Wenn sie das heute noch tun, sollen sie gesteinigt werden.«
Wir können vermuten, daß die Menschen seit ihren Anfängen in frauenzentrierten Gemeinschaftsformen lebten. Die Erklärung dafür ist einfach. Den nomadisierenden Gesellschaften sicherte das Sammeln von Früchten, Wurzeln, Nüssen, Eiern und die Ernte von wildwachsenden Getreidesorten ihr Überleben. Pflanzenkost, dann auch Kleintierhaltung und Milchwirtschaft gaben bis zur Erfindung der bodenständigen Ackerbaukultur sechzig bis achtzig Prozent der täglichen Nahrung ab. Es waren die Frauen, die sie einbrachten und die Vorräte verwahrten. Ihre Grabstöcke

und Sammeltaschen waren die wichtigsten Gebrauchsgegenstände der frühen Menschheit. Faustkeil, Speer und Bogen der Männer brachten der Sippe lediglich die Zukost. Die Menschen konnten auf dieser Ernährungsgrundlage bequem und auskömmlich leben. Buschmannsippen im südlichen Afrika, die heute noch in der Sammler- und Jägerwirtschaftsform leben, brauchen täglich nur zwei bis drei Stunden, um ihre Ernährung sicherzustellen. Erst recht muß das für eine Zeit gegolten haben, als die Weltbevölkerung global nur nach Millionen zählte.

Die Jahrzehntausende der Großen Mutter waren Überflußzeiten, in denen nicht Mangel verwaltet wurde, sondern die Menschen sich ziemlich friedlich in den Reichtum der Natur teilen konnten. Wanderung, weiträumiges Wirtschaften und Geburtenkontrolle hielten das Gleichgewicht zwischen Mensch und Umwelt stabil. Erst die bodenständige, auf künstliche Bewässerung abgestellte Landwirtschaft des Zweistromlands, die vaterorientierte Gesellschaft der Turmbauer, beendete gewaltsam den bisherigen Zustand. Die Sage der Bibel erzählt, daß Kain, der seinen Bruder Abel, den Hirten, erschlug, ein Ackersmann war und später der Erbauer der ersten Städte vor der Sintflut wurde.

Die Tontafeln des Zweistromlands lassen erkennen, wie das bisher geltende Mutterrecht schrittweise von der neuen patriarchalen, das heißt vaterorientierten Gesellschaft abgelöst wird. Von folgenschwerer Bedeutung ist, daß jetzt die menschliche Fortpflanzung eindeutig vom Mann her gesehen wird. Muttergesellschaften veranschlagen seinen Anteil an der Zeugung vergleichsweise als gering. In den Kindern wird, so sieht es die Mutterreligion, die Seele, der Lebenshauch der verstorbenen Sippenangehörigen wiedergeboren. Für die australischen Ureinwohner bleibt der Same eines Mannes ohne Frucht, wenn nicht ein Traumbildkind in den Schoß der Frau einkehrt. Die Keime der Traumbildkinder existieren aber von allen Uranfängen an, als die Große Mutter in Steinen und heiligen Bäumen die Sprossen der Familienstämme hinterließ. Der Mythos will damit sagen, daß das

Ich eines Menschen, seine Persönlichkeit, nicht aus einer biologischen Prozedur abgeleitet werden kann. Der Mann öffnet und bereitet den Schoß der Frau, aber das Kindesleben selbst, seine Seele, kommt über die Mutter zu den Müttern. In der patriarchalischen Gesellschaft sind es dagegen die Männer, die Frauen Kinder machen. In Tontafeltexten heißt es, daß der Mann sein Kind in den Bauch der Mutter setzt: »Ich habe dich, mein Sohn, deiner Mutter gezeugt.«

Das ist ein Wechsel in der Sichtweise, die eine völlige Änderung der bisherigen Rechtsverhältnisse widerspiegelt. In den Mutterkulturen ging die Erbfolge nach der Frau. Denn das Männliche wird aus dem Weiblichen geboren, und im Weiblichen ist das Männliche enthalten, nicht umgekehrt. Darum werden die Jungen auch von ihren Müttern in ein anderes Dorf verheiratet, denn die Männer kommen und gehen, aber die Frauen bleiben. Ihnen sind alle Tätigkeiten zugeordnet, die das Geheimnis des Lebens abbilden. Weben, Spinnen, Verknoten und Verflechten, Backen, Buttern und Kochen mußten Frauensachen sein.

Entsprechend können wir vermuten, daß auch die frühmenschliche Keramikkultur von Frauen geschaffen worden sein muß. Ton ist wie der mütterliche Urschlamm weiblich, hat eine Frauenseele. Bei vielen Naturvölkern sind darum bis in die Gegenwart Männer vom Töpfern ausgeschlossen. Es sind die Frauen, die den Gefäßen durch Bemalung Kraft zuführen, ihre Erzeugnisse mit Kammmustern, Schlangenlinien und Webornamenten oder figürlichen Darstellungen verzieren. Sie wiederholen dabei die Tätigkeit der Großen Mutter, die als Weberin am Anfang die Keime von Menschen und Tieren verknüpfte und den Menschenmüttern ihre heiligen Zeichen hinterließ. Auch das Bereiten der Farben aus Rötel, Fischleim, Galle, Eiweiß, Pflanzensäften und Herdruß war wahrscheinlich ausschließlich Frauensache. Die frühen Keramikkulturen brachten es hier zu einer Kunst, die uns noch heute mit Bewunderung erfüllt. Der Töpfermann von Uruk dagegen ist ein Städter, der mechanisch irdene Massenware produziert. Dieser

Wechsel mag vielleicht erklären, warum mit dem Auftreten sumerischer Kultur die Keramikkunst für lange Zeit verfällt. Denn in den Anfangszeiten von Sumer wird grobe, mit grauem oder rotem Farbüberzug versehene unbemalte Töpferware vorherrschend, während vorher für das Zweistromland eine reiche Buntkeramik nachweisbar ist.

Mit dem Aufkommen von neuen technischen Erfindungen wird der Bruch mit der Mutterkultur perfekt. Ihr Zeichen war das »Große Runde«, das Fülle des Lebens, Geburt-Sterben-Wiedergeburt versinnbildlichte. In den vaterorientierten Gesellschaften des Zweistromlands kommt dagegen der rechte Winkel, für den es in der Natur kein Vorbild gibt, zum Tragen. Sumers Zivilisation macht das Große Runde der Mutter in der technifizierten Form des Rads zum Bestandteil maschineller Konstruktionen der Tonmanufaktur und der Bewässerungswirtschaft und nimmt es als Transportmittel in Dienst. Zeichen der neuen Religion sind Winkelmaße, Rechtecke, Meßschnüre und Vermessungslatten, genormtes Baumaterial, der Ziegel und der behauene Stein. Sachwalter des neuen Glaubens sind Priester und Gottkönige, die als Wegbereiter von Landschaftsplanung und Großarchitektur den Herrschaftsanspruch einer von Männern geprägten Gesellschaft befestigen. In Sumer versteht man Kultur als Kriegserklärung an die Natur.

Der Erfolg gibt Sumer zunächst recht. Immer neue Städte wachsen im Land, die künstliche Bewässerung steigert Ernteerträge um ein Vielfaches, die Zahl technischer Neuerungen, zum Beispiel auf dem Gebiet der Metallverarbeitung, nimmt sprunghaft zu, die Schreibkunst verfeinert sich, die ersten mathematisch durchdachten Zählsysteme entstehen, es werden überseeische Handelsbeziehungen bis nach Afrika und ins Industal geknüpft. Mit den Mitteln der Planung wird erstmalig in der Geschichte auf engstem Raum Überfluß erwirtschaftet. Gerste, Weizen, Hülsenfrüchte und Leinsamen finden ihre Standardform, Gurken, Kürbisse, Zwiebeln und Knoblauch kommen in dauernden Kulturbesitz der

Menschheit wie auch die Dattelpalme, der Granatapfel, die Aprikose, die Feige und Pistazie.
Doch schon bald zeigen sich auch die Folgen des gewaltsamen menschlichen Eingriffs in die Kreisläufe der Natur. In den Städten steigt die Geburtenrate, es kommt zu einem Bevölkerungsdruck. Gegen 3000 vuZ leben in Uruk bereits etwa 40000 Menschen. Die Texte der Tontafeln spiegeln die neuen sozialen Probleme wie Kriminalität, Ämtermißbrauch, Bedrückung der Witwen und Waisen. Die Stadt kann ihren Lebensmittelbedarf längst nicht mehr selbst erzeugen und weitet ihren Feldbesitz weiter ins Umland aus. Ehemals selbständige Familienbetriebe werden zu Pachtland, das von Leibeigenen und Sklaven bearbeitet wird. Infolge übermäßiger künstlicher Bewässerung versalzen die Böden und werden unfruchtbar. Die verarmte Landbevölkerung zieht in die Stadt und verstärkt dort das Bevölkerungsproblem. Vom Jahr 3000 vuZ an geht innerhalb von sechshundert Jahren die Zahl der Dörfer im Umland von Uruk von ursprünglich 146 auf 24 zurück.
Die Sicherheit der Stadt, ihrer Großgrundbesitzer und Händler, gewährleistet der Mann mit dem Netzrock, der »En« der Stadt, der in seiner Person herrscherliche und priesterliche Autorität vereint. Als das ökosoziale Ungleichgewicht zunahm und die Probleme sich verschärften, wurde zur Stabilisierung der Verhältnisse der »Mann mit dem langen Arm« nötig. Der En wiederum stützt sich auf eine Söldnertruppe von ausgebildeten Soldaten, die von nun an zur stehenden Einrichtung wird. Nach innen verteidigt das Militär die herrschende Klasse gegen soziale Unruhen, und nach außen schützt es die Stadt und ihren Landbesitz gegen konkurrierende Nachbarstädte. Krieg, organisierter Mord, wird zum Kainszeichen menschlicher Geschichte. Die gewalttätigen Auseinandersetzungen zwischen den Stadtstaaten Sumers, die mit der Entstehung des Königtums beginnen, werden durch zahllose Tontafeltexte dokumentiert. Die Aufzeichnungen lassen die Geschichte des Zweistromlands als endlose Folge von Überfällen,

Massakern, Zerstörungen und Raubzügen erscheinen.
So sieht es auch die Erinnerung der späteren biblischen Überlieferung. Ihr stellt sich Sumers Kultur als Gewaltherrschaft dar, die sie mit dem Namen des legendären Nimrod verbindet, dem sie die Gründung so mächtiger Städte wie Uruk, Babylon und Ninive zuschreibt. Wörtlich heißt es von ihm: »Nimrod war der erste Gewaltherrscher auf Erden, und er ward zu einem gewaltigen Jäger vor dem Herrn.« Kultur als Kriegserklärung an die Natur, das Programm der neuen Religion, schließt die massenhafte Vernichtung von wildlebenden Tierarten ein. Die jagdgewaltigen Könige des Zweistromlands rotten innerhalb weniger Jahrhunderte verschiedene Großtierarten, die ursprünglich in den Flußebenen des Zweistromlands zu Hause waren, vollständig aus. Dazu gehören das Nashorn, der Wisent, die Giraffe und der Elefant. Ein assyrischer König rühmt sich gegen 850 vuZ, er habe eigenhändig vierhundertfünfzig Löwen, dreihundertneunzig Wildstiere, dreißig Elefanten und zweihundert Straußenvögel erlegt, und er berichtet von seinen Festmahlen, bei denen zehntausend Rinder, fünfzehntausend Schafe, fünfhundert Hirsche und fünfhundert Gazellen verspeist worden seien. Assyrische Könige, die das babylonische Reich beerben, sind dann auch die Erfinder der zoologischen Gärten. Als Symbole ihrer Herrschaft legten sie Tierfreigehege an, »sammelten alle Arten von Wildtieren der Steppe und des Berglands« und führten sie ihren Untertanen als Schaustücke hoheitlicher Gewalt vor.
Das herausragende Sinnbild der Zweistromlandkultur bleibt der Turm. Der bekannteste, die monumentale Zikkurat von Babylon, ist allerdings eher die letzte Großbaumaßnahme und schließt die über tausendjährige Geschichte der Himmelstürme ab. Von Sumer bis nach Babylon hatte der Turm stets eine religiöse Bedeutung. Auf seiner Plattform erhob sich das Tischhaus der Stadtgottheiten, deren oberste Ränge den männlichen Gottheiten vorbehalten waren. Die wichtigsten unter ihnen sind Himmelsgötter, verkörpern im Gegensatz zu dem Großen Unten der Mutter-

verehrung männliche Herrschaft, Macht und Gewalt. Lange Zeit huldigt man in Sumer vornehmlich dem Sturm- und Luftgott Enil, einem Sohn des obersten Himmelsgottes An, als »Vater der Götter und König aller Länder«. Auch steigt jetzt die Sonne zum religiösen Zentralgestirn auf, das dem kleineren Bruder Mond immer mehr an Machtbefugnissen abnimmt.

Nach sumerischem Mythos schufen die Götter den Menschen, als sie der Mühsal täglicher Arbeit überdrüssig wurden. Sie statteten ihn mit Hacke und Erdkorb aus und befahlen ihm, sie von nun an zu versorgen, zu behausen und zu ernähren. Die Leute Sumers taten das ausgiebig und willig. Opferanweisungen zeichnen peinlich genau auf, welcher Handreichungsdienste die Götter bedürfen und welche Mengen und Arten an Nahrung ihnen vorzusetzen seien. Die Götter lohnen der Stadt ihre Dienste, indem sie im Tischhaus seßhaft werden und dort ihren reichgeschmückten Standbildern ihre beständige Gegenwart verleihen. Ein babylonisches Sprichwort sagt offen: Gib deinem Gott Speise »und du wirst sehen, daß er dir nachläuft wie ein Hündchen.«

So gewinnen die zum Sklavendienst der Götter geschaffenen Hackenschwinger Gewalt über ihre Herren und versklaven sie ihrerseits. Die im Turm eingesperrte göttliche Macht wird der Stadt einverleibt und ihren Zwecken nutzbar gemacht. Das gibt den Führern der Stadt ein bis dahin nicht gekanntes Allmachtsbewußtsein. Entsprechend lesen sich die Titel der Gottkönige Sumers. Der Mann mit Netzrock und »Keulenstab« »lenkt jede Arbeit, die im Land geschieht«, seine Untertanen tun, »was sein Herz erdenkt und seine Zunge befiehlt«, »alle seine Anweisungen werden im Laufschritt ausgeführt«, und »seine Speise besteht aus den Seelen der Menschen.«

Die Stadt fühlt sich jetzt als Nabel der Welt. Die Völker außerhalb von Sumers Herrschaftsbereich werden zu »Niemandsleuten« abgestempelt, die nomadischen Kulturen am Rand der Stadtlandschaft erscheinen den Schreibern als primitive Leute, die »keine Ernten einbringen«, »ungekochtes Fleisch essen«, »täglich mit dem Bogen nach Essen schießen müssen«, »alles kaputtmachen«, sie sind »streunende Hunde«, und ihre Sprache klingt »wie Gebell«. Ähnlich haben 5000 Jahre darauf europäische Völker im Bewußtsein der eigenen zivilisationstechnischen Überlegenheit andere Kulturen gesehen und behandelt, die Indianer, Eskimos, Neger, Asiaten und die australischen Ureinwohner. Sie alle galten den Kolonialherren als Wilde, denen man nur ein minderes Lebensrecht zusprach.

Hinter dieser Abwehrhaltung gegenüber dem Fremden versteckt sich, ebenso wahnhaft übersteigert wie die Allmachtsphantasien der Turmbauer, die Angst vor der »Wildnis«, dem eigenen Kulturzerfall. Beides zusammen, eine explosive Mischung von Überheblichkeit und Panik, führt nach der biblischen Überlieferung zum Bau des ersten Himmelsturms: »Auf, sprachen sie, bauen wir eine Stadt, einen Turm mit seinem Kopf bis zum Himmel. Machen wir uns einen Namen, daß wir nicht zerstreut werden über das Antlitz der Erde.« Die Pointe der Erzählung liegt darin, daß der Turm nicht etwa durch äußere Machteinwirkung zerstört wird, sondern das Großprojekt an seinen eigenen Widersprüchen scheitert, an der »Verwirrung der Sprache«.

Außer den biblischen Überlieferungen von Kain und Abel, Nimrod und den Turmbauern sind in diesem Buch noch zahlreiche andere Sagenstoffe des Zweistromlands mitverarbeitet worden. Dim erzählt zum Beispiel von der Sintflut, die uraltes episches Erzählgut darstellt. Die Flugphantasien Enanks spielen auf den legendären sumerischen Herrscher Etana an, von dem es im Mythos heißt, er habe sich auf Adlersflügeln so weit in den Himmel erhoben, daß er unter sich die Erde verlor. Das vorletzte Kapitel soll an Enkidu, den Freund von Gilgamesch, erinnern.

Das sumerische Gilgameschepos gilt als erstes großes Werk der Weltliteratur, dessen Themen in den folgenden Jahrtausenden immer neu bearbeitet wurden. Es ist ein Abenteuerroman, in dessen Mitte der jugendliche Herrscher von Kullab, Gilgamesch, steht. Er bedrückt seine Stadt mit harter Fronarbeit, und sein

Volk stöhnt über ihn. Da beschließen die Götter, Gilgamesch einen ebenbürtigen Rivalen zu schaffen. Sie »kneifen einen Menschen vom Lehm ab«, Enkidu, und werfen ihn auf die Steppe, wo er zunächst einträchtig mit dem Wildgetier lebt und sich von Pflanzenkost ernährt. Ein Jäger entdeckt den Naturmenschen und muß ohnmächtig mit ansehen, wie Enkidu seine Fallen und Netze zerreißt. Weil er nicht wagt, den Wilden anzugreifen, läuft er in die Stadt und bittet Gilgamesch um Hilfe. Aber der Rat der Stadtältesten empfiehlt, eine Tempeldirne in die Steppe zu schikken, um den wilden Mann zu zähmen. Enkidu liebt die Frau, seine Tiere verlassen ihn, und er geht mit seiner neuen Gefährtin nach Kullab, wo Gilgamesch alsbald seine Kraft mit dem Rivalen mißt. Die beiden Männer werden aus Achtung voreinander Freunde und unternehmen gemeinsam Abenteuerreisen in die Wildnis. Sie kämpfen gegen Ungeheuer, reißende Tiere und gegen den göttlichen Himmelsstier. Aber Gilgamesch verliert seinen Freund, Enkidu stirbt. Da macht sich Gilgamesch auf, ein Heilmittel gegen den Tod zu finden. Nach langen Irrfahrten muß er erkennen, daß gegen den Tod kein Kraut gewachsen ist. Das Epos schließt mit der traurigen Erkenntnis, daß auch ein großer Name gegen den Tod nicht schützt und die Vergänglichkeit allem Trachten des Menschen eine unüberschreitbare Grenze setzt.
Die Namen der in diesem Buch handelnden Personen sind drei verschiedenen Sprachfamilien entnommen, der semitischen, der sumerischen und einem aus sumerischen Lehnsworten zurückgewonnenem Wortbestand der steinzeitlichen »Substratsprache« des Zweistromlands. Aus ihr stammen die Namen der Leute des Wasserlands, die entweder nach den Lautgesetzen der Substratsprache gebildet, zum Teil aber auch »sprechende Namen« sind, so heißt zum Beispiel Sibar »Spatz«. Ur-Mach, der Name für den Mann mit dem Netzrock, bedeutet im Sumerischen »großer, edelster Hund« und bezeichnet sonst den persischen Löwen, dessen dicke Mähne Nacken, Schulter und Brust bedeckt.
Kullab als Ortsname für Uruk ist ebenfalls der steinzeitlichen

Substratsprache zuzuweisen. Die Sumerer nannten die Stadt Unug, in der Bibel heißt sie Erech, heute arabisch Warka.
Ambar ist der vorsumerische Name für das Schilfland, Engar bedeutet in der gleichen Sprache »Ackerland«.
Die Sumerer nannten ihren Herrschaftsbereich, das südliche Zweistromland, Kengir, die Flüsse Euphrat und Tigris werden in diesem Buch mit ihren vorsumerischen Namen Idgin und Burnum bezeichnet.
Die Martus sind der semitisch sprechende Bevölkerungsteil der Flußebenen.
Kullabs Turmbau schildert kein historisches Ereignis. Allerdings finden wir im späteren Uruk, das aus Kullab erwuchs, bereits eine Zikkurat, den sogenannten »Weißen Tempel«. Sein Unterbau, ein zwölf Meter hoher künstlicher Hügel, erreichte freilich für unsere Begriffe eine eher bescheidene Dimension. Im Flachland der Flußebene stellte er indes eine beeindruckende Baumasse dar, die von der Phantasie der Zeitgenossen noch ins Riesenhafte überhöht wurde und der Baugeschichte Sumers neue Maßstäbe setzte.
Auf Dim wirkt Kullabs Turm wie ein Monster, das am Himmelsrand lauert und drohend seinen Kopf über das Land reckt. So empfanden die Sumerer in der Tat ihre Zikkurats. Sie sahen in ihnen belebte Wesen mit göttlicher Kraft, zu deren Mauerwerk die Menschen sprachen und beteten, und die sie mit Opfergaben bedachten. In der Zikkurat, liest es sich auf einer Tontafel, »wohnt die große Furcht, die aus dem Himmelsinwendigen kommt«. Das Werk der menschlichen Hände verselbständigt sich von seinen Erbauern und begann ein monströses Eigenleben anzunehmen, das immer mehr Material und Arbeitskraft verschlang. Schließlich baute man nur noch weiter, weil man nicht mehr aufhören konnte. Unsere Welt der Großtechnik mit ihren Sachzwängen ist die letzte Konsequenz jener Geschichte, die in Sumer begann. Die biblische Überlieferung macht sie zur Warnung vor einer Zukunft, die wir zu verhindern haben.